你好，我是文創經紀人！喵~

台灣文創經紀工作的 12 堂必修課

毛毛蟲文創－著

找個適合的經紀人吧！

于為暢｜個人品牌事業教練

　　如果文創圈也有「M 型社會」的話，那肯定是插畫類了，一邊有彎彎、馬克等大明星，另一邊是絕大部分的漫畫家。藝術創作本是贏者通吃的圈子，群眾認識的角色寥寥可數，也許一千個插畫家，只有一個能出頭，出頭的意思只是有點知名度，還不一定會賺錢喔。

　　問題出在哪裡？我認為有兩點：第一沒有策略，第二不懂商業。

　　「藝術是無價的……所以我們窮。」

　　藝術家總是很有「個性」，包括兩個不利的特質：一是自負，二是自閉。

　　天生有才華的人，一不小心就會自以為是，認為自己最棒，然後孤芳自賞。很多藝術家不知被誰洗了腦，總是理想至上，賺錢「順其自然」；反之自認有才華餓不死，最後是沒餓死，只是吃不飽而已。他們總覺得錢和藝術是互斥的，但這完全是無稽之談，自負會讓人的「心智舒適圈」變小，對他不熟悉的東西，他都不會想去理解，包括很重要的「如何變現」。

　　另一種是自閉，宅男類，他們也許想像力遼闊，但肉體懶得出門。他們不愛實體交際，不擅言語表達，更不願意對別人阿諛奉承。畫畫

能讓他們低調的自得其樂，有案子就接，沒案子就打電動，不會主動積極去爭取，或嘗試人生不同經驗；喜歡窩在同一區域打怪，卻不知人生經驗的豐富度可提升創作水準，展現出來的才會到味。他們需要更積極的走向人群，才能創造更多商機。

藝術創作者若想賺錢，我認為最佳解答就是「交給專業」，找個適合的經紀人。你創造內容，他創造收入，分工合作，策略性的把你的才華放大，特別是在這「無處不圖」的社交時代，有梗、有完整的經營策略遠比畫工本身來得重要。

很高興《你好，我是文創經紀人！喵～》這本書終於問世，由專業的經紀團隊分享寶貴經驗，看他們如何規劃旗下不同插畫家的品牌發展，揭開文創經紀公司日常營運的神祕面紗。對於任何有心想靠畫畫賺錢的人，這本書就是一注商業思維的強心針，帶你一探插畫品牌經營、圖像授權、周邊商品等變現方式，不管你是想經紀自己、他人，還是「被經紀」，都非常值得一讀。

記下文創經紀的斑斑血淚

林育聖（鍵人）｜作家

　　我很佩服這一個職業，文創經紀人。

　　文創這概念有多複雜，我想應該連創作者本身，大概都沒多少人能說得清楚。而文創經紀人要把這樣複雜的概念，賣給另外一群更不懂的大老闆們，告訴他們說這些文創作品可以幫助他們帶來商業價值，這真是太困難了。

　　但是「毛毛蟲文創」做到了，不只做到，還做得很好，做得有聲有色且還沒有發瘋。

　　為什麼呢？因為做創作的人，就是一群瘋子。

　　我本身也是創作者，天曉得我面對自己創作的稿件時，會有多少「毛」，多少莫名其妙的堅持。

　　不多說別人，光是對於改這件事，就是許多創作者的逆鱗了。

　　「為什麼要改？改哪裡？改怎樣？」每當面對創作者這三連發的靈魂拷問，都會讓你難以招架，無法開口。

　　這還只是一個創作者，但文創經紀人每天都需要面對數十次這樣的逼問，然後再一個個安撫、溝通、為彼此找到共識……光想就覺得累了。

除此之外，他們還要面對商業環境的挑戰，如何把角色魅力淺顯易懂的說給企業聽、如何為每一個企業找到適合的形象、如何保證彼此合作的價值和雙贏……這些全是血淚。

文創經紀人這塊夾心餅乾，真的太難了。難到，一定要出一本書，把這些記錄下來。

這本書，寫著文創經紀人的經驗與專業，還有最多的耐心與肝。

書裡雖然以貓的角色、用趣味的方式來詮釋許多難堪的場景，但有養三隻貓的我知道，只有當生活苦到極難的時候，你才會想躲進貓的世界，企圖認為自己可以變成一隻優雅不管世事的貓，就算外界爆炸都能安然舔毛。

拿出貓來擋，已經是我們面對困難最大的誠意了。

所以如果你是希望踏上這條路，或是已經在路上的文創夥伴，一定要看這本書。

因為，很可能不會有續集了。

「創作者」與「創作推手」這兩種角色

陳頤華｜日本文化誌《秋刀魚》總編輯

「老師！今天是截稿日！請務必交稿！！」許多日劇橋段都曾出現日本漫畫家躲在門後，迴避著出版社編輯如虎豹一般敲門吶喊的場景。但在現實的日本創作界裡，其實有著健全完善的經紀制度，提供創作者良好的創作空間，橋接著業主與「老師」之間的互動，將圖像創作視為「專業」，協助創作者專心發揮創意，一手撐起作品以外的大小雜事；當然，還包括了對業主催稿的阻擋。好的經紀人能賦予創作者一塊自由且安穩的創作環境，更是與創作者共同前進的推手。

幾年前，台灣颳起一股強大的「插畫」旋風，讓市場開始發現「圖像 IP」的魅力不輸一位偶像明星，「角色經濟」帶來的創作爆發力，穩穩的在新型態的行銷市場裡站穩腳步。但在台灣尚未出現「文創經紀」一詞前，有一群人為了「努力讓插畫角色活下來」而開創了「毛毛蟲文創」，不僅傳遞本土創作者的創意特色，更正式替台灣開啟了經紀制度，讓台灣的創作市場終於有了「創作推手」的角色，讓你我能在充滿想像力的創作宇宙裡，看見更多元的插畫、更有突破框架的跨界合作。

本書是給予有意走上創作之路，或是想成為文創經紀人的教戰守

則，透過公司內的精神領袖貓總裁噗噗與貓總監咖咖的視角，幽默詼諧的分享文創經紀產業的血淚史，勾勒出與插畫家們如何相處、幕後智囊團需具備何種智財權專業常識、經紀人們如何黑白臉面對業主的各種「症頭」等，全方面介紹一位稱職的文創經紀人如何走上創作者「保母」之路，讓粉絲記住特色，讓廠商找上門，更讓插畫家的創作長久走下去。

或許我們無法成為一位插畫家，但絕對有能力成為一位文創伯樂，無論是挖掘文中的品牌經營學，或是藉由「噗總裁金句」搜羅新型態行銷法則，還是跟著插畫家的四格漫畫發笑，當你開始想了解文創經紀背後的點滴，就是給予台灣創作者更多的關注，成為支持創作的強大推手。

說了這麼多，我這個人很簡單，有貓就先給讚（笑），或許文創經紀人就是這麼厲害，把地下（貓）作者推出來，也是一種最強大的推銷手段吧！

文創經紀人，正夯！

楊斯棓｜方寸管顧首席顧問／醫師

　　周遭不少朋友小時候都被長輩關心詢問：「你長大要做什麼？」長輩可能鼓勵你一番，也可能潑你一桶冷水，細數你脫口而出的職業有多危險、多夕陽、多難掙錢。

　　麥肯錫全球研究院的報告指出，美國有 40% 的工作職缺在未來 10 年可能會因為自動化而消失。吳靜吉教授有篇專欄也曾引述戴爾公司的未來研究中心估計，到了 2030 年高達 85% 的工作現在根本不存在。對於十年後的職業，我們的正確認知應該是：有很大的不可預測性，千萬別把對職業的想像侷限在公職或幾個師字輩職業裡。

　　建設性的談職業選擇的書，我推薦村上龍的《新工作大未來》，該書讓我們知道若對哪個學科有興趣，將來有什麼職業類別可以選擇。譬如對美術有興趣者，書中分享了將來可以往畫家、插畫家、版畫家、繪本作家、刺青師傅等職業發展。這本書的繁體中文版成書於 2013 年，除了原本內容外，還請到台灣相關領域者詮釋本土現況，如對「插畫家」一詞的補充是：「台灣插畫界尚未建立經紀人制度，因此稿酬上的削價競爭或權利被剝削的情況時有所聞。」

　　相隔不到七年，插畫經紀一職已經居於相關產業鏈的關鍵中游。

有的講師很會教課或演說，如果搭配一流的講師經紀人，可以把整年度的時間做最有效安排。但一般講師賣的是露臉時數，插畫家的狀況複雜度則有增無減。舉凡作品授權的尺寸、媒介、品項、時間，甚至被誣指侵權或被他人侵權時所衍生的種種問題，如果有一位幹練的經紀人，插畫家才得以不讓俗務羈絆，專心創作。

　　過去我的診所有幾個牆面，我想請藝術家來現場作畫。新聞上得知有位大學生曾在某咖啡廳留下藝術作品，我很欣賞，去信請她開學前先來評估是否接案，我願意支付車馬費兩千元。結果她因課業繁忙未能前來，再隔一次發電郵給我表達其創作意願時，已經相隔五個月。

　　但這期間我已經找了另外一位藝術家。該藝術家有經紀公司，他們很快請一位建築師到我現場實地勘察，然後就出具圖款轉檔、彩圖印刷輸出、現場施工的報價單，節奏流暢的完成合作，迄今我也和這位藝術家私交甚篤，她就是以畫鯨魚聞名的查理宛豬。

　　由此可見，在現在這樣分工越來越細的社會，一位好的插畫經紀不只能照顧一位插畫家，甚至要能盤點十幾位插畫家的資源，媒合給最適合其需求的雇主，創造多贏局面，這就是毛毛蟲文創團隊的故事。

剖析文創經紀人，為 IP 產業翻出最新的一頁

劉俊佑（鮪魚）│生鮮時書創辦人

前陣子我們開設了一堂《IP 行銷課》，其中一位講師正是毛毛蟲文創的創辦人暨品牌總監——張凱童。

本以為這議題較小眾，沒想到學員來了近 50 人，大家筆記抄得非常勤，課後也圍繞著老師問了許多問題，由此可見 IP 產業即將在台灣大爆發。

你可能會問，為何會想開 IP 行銷課？其實是因為當時有部遊戲改編電影創下破億票房的《返校》，讓我們看見台灣原創 IP 的威力！團隊在企劃過程中發現，毛毛蟲文創旗下也有一系列的台灣原生 IP，像是毛毛蟲、微疼和我自己常看的米粒大叔，都是他們旗下的角色。我也是當時才知道原來有「文創經紀人」的存在。

老實說，我對角色 IP 並非一無所知，只是大多聽過國外案例，並不了解台灣業界的發展和成熟度，但在企劃過程中慢慢得知，台灣角色 IP 也成為一個不小的產業，文創經紀人已是不可或缺的角色。

如果我們用藝人的角度來看經紀人，你腦中大概會浮現的經紀人工作，就是幫藝人接案或照顧生活起居，而文創經紀人就是把服務的藝人轉換成「虛擬角色」，還有他們的生父生母，也就是「創作者」。

文創經紀人要當創作者跟商業品牌間的橋梁，理解客戶需求，然後通靈，欸不是，是消化成插畫家可理解的話語，畢竟商人跟創意人中間的楚河漢界，非常寬。

　　我從書中得知，他們還需要了解授權和法律相關的內容，因為圖像角色不僅是創作者的子女，也是他們的生財工具，一旦權利受到侵犯，創作者往往都是好好先生，不太會生氣，有時也不知該如何處理，這時經紀人就要現身，代替他們討回公道！

　　如果你對文創經紀人這職業有興趣，本書是你最好的入門磚，一方面輕鬆好讀，二方面除了較硬的知識外，也有很多工作上的趣談，讀來不會枯燥。

　　而我自己也在思考講師 IP 經紀的商業模式，本書對文創經紀人的定位和實際案例，幫助我補充了不少旁人難以參透的細節。

　　當然，如果你是一位創作者，你更需要這本書。一個原創角色怎樣才會被消費者喜愛？從文創經紀人的角度如何評定？這都是創作者應該了解的。畢竟當你透析市場，轉換成經紀人的思考邏輯，你的創作將更容易成為與市場接軌的 IP。

世界上最賺錢的藝術家之一，安迪沃荷曾說過：「想成為成功的藝術家，就得讓最好的藝廊展出你的作品。」因為一件藝術品價格的高低，除了藝術技巧外，還有它之於整個藝術社群與社會的品牌溢價，這是需要一個好的藝術經紀人、藝廊和藝術家進行協作，讓作品成功推到眾人的眼前。

　　在 IP 爭霸的時代，想成為最成功的原創角色，你也需要找最好的文創經紀人一起合作，才能讓角色抓住眾人的目光，成為熱門 IP。

　　那又該如何成為或是識別出「最好的文創經紀人」呢？請翻到下一頁吧。

走在文創經紀的前端

鍾文飛（阿飛）｜作家

　　無論是 IP 經濟，還是 IP 經紀，這樣的名詞都是近幾年才開始被人注意，產業規模逐漸擴大。在台灣，這項產業相較於早已發展成熟的歐美與日本，還有很長很長的路要走，卻也有很大很大的空間可以拓展。

　　毛毛蟲文創絕對算是業界走在前端的翹楚，書中你不只可以了解什麼是 IP 經濟，也可以窺探 IP 經紀從業人員的箇中甘苦，其實還可以找到一些能夠套用在不同職場裡的工作觀念與做事方法。

　　不過，我的思考邏輯比較簡單，看到書裡有可愛的貓咪就願意推薦了，療癒人心啊！（笑）

跟著貓主子來認識文創經紀吧！

張凱童 ┃ 毛毛蟲文創創辦人

　　《你好，我是文創經紀人！喵～》這本書的誕生，是我們從未想過的計畫。毛毛蟲文創成立以來，文創經紀團隊一直都是躲在插畫角色背後的幕後推手，盡可能把所有光環都留給台上的插畫家及角色，因此協助過不少繪師作者出書，但從沒想過有天幕後的團隊也會被邀約出書，而其中最受矚目的主角卻是公司內兩隻肥貓主子！嗯～這更讓我們堅信地球要被喵星人統治的時間應該不遠了。

　　毛毛蟲文創成立至今六年多，最初草創時期成員只有兩個人，一個是在網路媒體打滾多年的行銷人，一個是跨領域斜槓室內設計師的插畫家，於是整個文創事業起源就是從一對好朋友的信任和專業分工，以及各自拿五萬元出來合資登記工作室開始。爾後幾年內，毛毛蟲文創也不斷成長轉型，陸續邀請專業人士加入團隊，有自己的智財權律師，培訓專屬毛毛蟲文創風格的專業經紀團隊。

　　台灣的角色 IP 是這幾年才開始較為明顯發展，尊重著作權常識、反侵權、反盜版的社會風氣也是近幾年才較為普及。台灣整體的角色經濟規模和發展尚不及目前歐美、日本這類角色 IP 授權市場成熟的大國，那台灣角色還有什麼發展競爭優勢嗎？沒人可以告訴我們台灣的

文創經紀公司應該怎麼做，才能成功協助台灣角色被看到、被肯定，但我堅信這幾年我們一定有做對什麼事！

　　如果你從沒聽過毛毛蟲文創，那很正常，但你絕對或多或少有看過毛毛蟲文創旗下的插畫角色作品！有可能是路上的公車、網路圖文、漫畫、LINE 貼圖、街頭巷口張貼的海報、百貨商場、轉運站、展覽資訊、便利超商內飲料瓶身、海外授權展、網路或實體店銷售的用品、文具、絨毛布偶，甚至是捷運站內代言角色等等，毛毛蟲經手過的角色聯名大大小小的合作案、授權商品及類型不計其數。

　　一個名不見經傳的文創經紀團隊，是如何營運遠超過團隊人數三倍的插畫品牌各種大小事務？期待你能從這本書中，跟著在文創公司上班的貓主子們找到你想要的答案，或許能對人生、工作上多些助益，再不然看看可愛肥貓照片和插畫，也能獲得一點抒壓療癒吧！

目錄

出場角色介紹

噗總裁

名字　噗噗
職務　什麼都不管的霸道總裁
癖好　屎特臭又不蓋貓砂

咖總監

名字　咖咖
職務　負責公關交際的總監
癖好　最愛喝水龍頭和馬桶的水

KATE

名字　凱特
職務　品牌經紀主管
癖好　和咖總監相約上廁所聊八卦

RENEE

名字　蕊內
職務　商品授權主管
癖好　隨時可變出貓零食餵食貓主子

AMANDA

名字　阿曼達
職務　文創經紀人
癖好　瘋狂迷戀霸道噗總裁

PETER

名字　彼得
職務　文創經紀人
癖好　煩躁時狂吸咖總監體味解悶

APRIL

名字　四月
職務　插畫設計師
癖好　最愛喝奶茶及收集貓主子醜照

噗總裁說

CHAPTER
01
從浪浪變身成功貓士
———壯大聲量是你該具備的本能

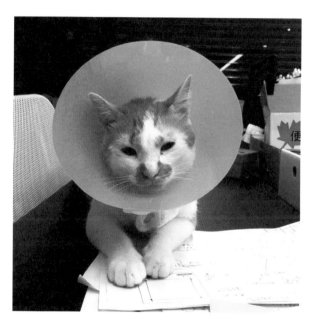

我忘了我是怎麼出現在那條陌生街道上的……

三年前那個冬天晚上又濕又冷，內心的恐懼讓我的體溫變得更低，但我一個堂堂男子漢貓絕不會輕易示弱。我忍住飢寒躲在角落和車下，絕不輕易發出哀號聲求救，我相信會有人發現本喵的能力和潛力帶我離開這鬼地方！

但是，竟然過了三天三夜還沒有人發現一身才華的我，於是我決定不再等待。我奮力的展現我的聲量和威力，終於來了一個美女姊姊（她是我的伯樂），聽到了我洪亮的嘶吼聲。她發現我實力堅強，還邀請我去她家作客，並教教她家的老貓。真的是特別感謝美女姊姊一路支持，最後還鼓勵我來這裡幫助大家經營這間小小殘破的文創經紀公司呢。（驕傲）

從浪貓變身噗總裁

說到這裡，我忍不住開始發出洪亮威武的「喵嗚喵嗚～」，示範一下我異於常貓的強大聲量！

這時咖總監和彼得抱在一起聽得專注，他們目不轉睛的想像我在雨夜裡那身影滄桑的帥氣畫面，而特別迷戀我的阿曼達，卻露出一副心疼難過的模樣。

每一次總會忍不住又開講起我的發跡史。想當初我是如何從三年前一隻落魄潦倒流浪貓，轉變為現在一家文創經紀公司的總裁。這個老掉牙的故事大家聽再多次都不膩，甚至覺得滿激勵人心的。坐在一

不知道事情怎麼發生的，等我想起時已經餓了好幾天的，肚子……

1

好不容易找到了溫暖的地方，發現溫暖的地方！

BUBU

大丹一

2

我的美妙貓生就要這樣，孤單的結束嗎嗎……

"這樣不行呀!!"

怎麼能沒吃飽就走……

3

於是，我拼命的大聲求救，使盡了吃罐之力，

BUBU

喵嗚一喵嗚一

嚇!!

4

幸運的，被一位美女小姊姊發現，開始了第一份工作

毛毛蟲文創

一以後就在這生活、上班吧！

?

5

站在貓沙上的男人

經過各種磨練，成為了真正的男人

6

旁的四月甚至默默拿起她的繪圖板，想把這段奇遇畫成漫畫！

看著大家渴望的眼神，我就勉為其難繼續發表這一路爬上CEO位子的感想：「咳咳……『曖曖內含光』是你們人類的說法，但是在充滿競爭的職場中，雖然抱著謙虛態度多學、多看、多思考很好，不時培養自己的技能和累積實力也很棒，但是到了必要的時候該展現自己，就千萬不要害羞隱藏實力。難道你以為上頭主管一定會看到你的長處或努力後的功勞嗎？NO！如果你不懂得為自己發聲，憑什麼別人要花更多時間去懂你，或是找到你努力的軌跡？」

已經聽過這段故事八百遍到耳朵快長繭的凱特，原本悠悠的泡杯茶打算飄過，突然聽到我這段結論，饒富興味的停下了腳步。

凱特說：「我很認同噗總裁這段話。學生時期念中文系的我，就被這句『曖曖內含光』殘害很深，或許是當時的我們不當解讀語意，但總期許自己做個勤奮努力、有實力卻不張揚、擁有高尚情操的人，並自我安慰的想著自己的優點遲早會被發現。但沒想到我一出社會，就發現現實根本不是你想的這樣……」

凱特話還沒說完，旁邊的阿曼達急著附和：「對對對！例如做某件專案時明明有很好的建議想法，卻不好意思表達意見，導致團隊錯過做最好決定的關鍵時間，後續的殘局就是大家要一起收拾，也就沒人發現其實你有很棒的點子。或是我們默默幫忙插畫家把整個專案的資料蒐集好、分類整理、先吸收消化完後再條列說明，讓插畫家很輕易就抓到重點，讓設計一次過關，但是完工後卻沒有被任何人感謝，大家都只會謝謝廠商給飯吃……（哭）」

「欸……阿曼達，你到底累積了多少委屈？等等到我辦公室跟我說！」我拋下這句話後，帥氣轉身走回躺椅上。望著窗外的一片風光明媚，心想我這一路能走到今天，真的要感謝自己平常做足準備，以及懂得在關鍵時刻為自己發聲啊。

🐾 你的聲量＝宣示你是誰

在講求角色品牌重要性的文創經紀公司中，自然要明白「一個人就代表一個品牌」。想要讓他人認知到你是一個怎麼樣的人，就得在平日累積實力、做足準備，並且在適當的時機展現出來。

但要留意的是，企業或個人品牌都建立不易，如果只是虛張聲勢，或者調性改來改去，這樣的品牌形象也很容易被人看穿手腳。因此在壯大聲勢為自己發聲之前，請先確定自己想成為怎麼樣的人，並思考自己是否已經做足了準備。

平日累積實力，
關鍵時不鳴則已、一鳴驚人！

🐾 噗總裁金句

CHAPTER

02

理性管理感性

——文創經紀人的多重身分

在進入這家文創經紀公司之前，我是一隻獨來獨往的帥氣浪貓，從來都不喜歡與他人合作和團體活動，無論是狩獵或玩耍都靠自己搞定，這也是我一直引以為傲的超強獨自戰鬥力。但這已是多年前的我，不復存在了。這重大的轉變當然與毛毛蟲文創的故事有關⋯⋯

從單兵作業變成團體作戰

「是，沒錯，毛哥你的專案期程表已經排好在行事曆中，確認沒有問題的話，下週我們就可以和客戶進行對稿。」阿曼達一邊對照著電腦上的 Google 行事曆，一邊拿著電話和插畫家毛毛蟲說明新專案的進度。

一個文創經紀公司，經營了十多個插畫角色品牌，你們能想像一天當中，每位經紀人要經手溝通多少位創作者團隊嗎？一整天總是手機、電話聲此起彼落，不同的專案如火如荼的同步進行，一刻也不能耽擱，因此每個經紀人在與客戶會議後，轉身就得打開密密麻麻的行事曆確認插畫家個人工作排程，確認近期是否有出國、展覽等行程，然後才能開始規劃整個專案期程表，並彙整合作資料與插畫家討論。

經紀人所執行的工作，每一個環節幾乎都需要對到「人」，只有夜深人靜時才能享有一點個人時間可以泡杯茶、專心敲打鍵盤撰寫提案企劃。因此不管是面對客戶提案、公司內部會議或是與插畫家討論專案，整天幾乎一直處於需要腦力激盪的戰鬥狀態，面對的對象不同，就得快速切換立場，抓出言語中不同的重點進行記錄。經紀人這個職

務，與其說是在落實專案的執行者，更多時候都是在解讀與處理人的事情。

每當一個新的授權合作或專案成立，就會組合出新的工作團隊（經紀人、客戶、插畫家），一名稱職的經紀人所扮演的角色，即是滿足雙方得到想要的合作成果，在合作流程中不僅要溝通順暢無阻、讓客戶覺得滿意、支付設計費授權金爽快不拖款外還會感謝插畫家，而創作團隊也得畫得開心，珍惜每次得來不易的合作機會進行創意揮灑，盡力做出最棒的插畫設計。

但要締造每次合作都有個美好愉快的經驗並不容易，經紀人就得學會用心解讀客戶喜好、沒說出口的期待或顧忌，也得熟悉每個創作團隊的工作習慣、出沒時間及能接受的溝通模式等等細節，每個小處都兼顧及打理好，才能有效減少專案執行中的誤解和摩擦，營造出一個正向愉悅的工作氛圍，創作者才能更安心的創作出好作品。

我這隻擅於孤軍奮戰的帥氣浪貓，過去只要管理好自己就等於搞定一切，但現在卻是在營運一個以團隊作戰為主的文創經紀公司，也不得已的學會了看懂人類多樣的表情和內心想法，果真印證了莫非定律……哈哈哈（苦笑）。

因需求而誕生的經紀體系

最近，公司內資深元老級插畫家熊秋葵的年約即將到期，是該著手準備續約了。這天趁大家都下班後，我翻出塵封在厚厚資料夾下、

多年前和熊秋葵簽的第一份經紀約，泛黃的文件也讓當年簽約的畫面與記憶翻湧而上……

「老噗，聽說你最近和插畫家毛毛蟲一起在做插畫角色品牌化，我想推薦我一個很有才華的朋友給你，看是否能一起合作或給點建議？」沒想到這通電話不僅改變了我，也從此開啟了轉型為文創經紀公司的開關。

毛毛蟲文創最初的工作室是落腳在台北景美一條小巷子的轉角，當時的我和創始夥伴——插畫家毛毛蟲共同的理念想法，就只是「努力讓這插畫角色好好活下來」。在營運一年後，某天下午朋友來電，說要轉介他高中時的麻吉死黨熊秋葵與我見面聊聊。在這之前我只聽說這位仁兄很厲害，不僅是知名廣告公司的藝術總監，不少電視廣告拍攝還有可愛角色都出自他的創作，就連膾炙人口的點心麵角色張君雅小妹妹，也是他從手稿開始一筆一筆繪製而出。

「你可以幫我做什麼？」第一次見面，熊秋葵劈頭就問這個問題。那犀利眼神直視著我這雙萌度破表的迷人貓眼。

我心頭一驚，心想果然是有待過大廣告公司的強大氣場，連說話都很單刀直入、切入重點！在沒有心理準備下，第一次的碰面沒有想像中順利，甚至是彼此都帶著許多疑問分頭離去。

「我可以為他的角色做什麼？我可以怎麼做？我為什麼要幫他？我們該以什麼形式一起合作？他那麼多廣告人脈資源了，為什麼還需要協助？他目前所遇到的瓶頸是什麼？……」天啊！一大堆問題浮現腦海，居然讓我失眠了（但明明就是夜貓子），那不輕易屈服妥協的

貓性也讓我決定好好找出答案，證明自己的能力與價值。

於是我從這些問題中抽絲剝繭，一一整理出問題癥結點和可解套的答案，於是我又接洽上熊秋葵，急著想告訴他我的想法。

這回換我睜大明亮有神的貓眼對他說：「『我』無法為你做什麼，但『我們』卻可以一起做點什麼！因為你擁有我所沒有的繪畫才能和角色品牌，而我卻有你較不足的品牌規劃及整合行銷力。假設成功為100%，我們彼此就各佔50%。我會盡最大努力保護角色品牌和版權，

但也請你尊重公司專業及未來行銷規劃的建議。」斬釘截鐵的說完這番話後，整個大快貓心！

熊秋葵維持高冷態度，老實說沒有展現出一絲滿意的表情，但在那次的溝通後，他真的走進小小的工作室空間，我們正式簽約了！

我的第一份文創經紀合約就此誕生。我們公司繼毛毛蟲這角色之後，又新添了一個角色品牌，這件事也為了後來轉型為經紀公司揭開序幕。

回想起與熊秋葵第一次合作簽約的過程還是記憶猶新，沒想到一轉眼已經到了要續約的時間。

我瞇著眼，緩慢搖著尾巴回想，這期間我們共同經歷過多少大小事件，包含插畫家結婚、生子、插畫授權合作、一起出席活動、記者會、每年辦春酒時團聚一起乾杯……。當然這幾年間也不免有誤會、口角的時候，這些點點滴滴都鋪陳出一條我們齊力將插畫角色打造成品牌、期待未來走向更大授權市場的道路。

想到這裡，我感動到眼角好像有點濕潤，但是本喵才不會那麼輕易落淚，那幾滴絕對是最近熬夜流出的眼油無誤。

感性的創作者

在與十多個角色品牌的創作者合作期間，深刻感受到不同創作者的性格和喜好習慣不盡相同，但相同的是，很多創作者通常性格很單純、善良和感性，尤其在工作很忙亂崩潰時，接到作者一通電話、一

個訊息，甚至一張卡片寫滿感激及鼓勵的話語，真的會瞬間充飽電，勝過十個罐罐和貓草療效！

越靠近年底，公司內所有經紀人越忙碌。前幾天會議上，蕊內還很興奮的宣布談到一間連鎖百貨過年檔期的角色聯名合作，但今天卻似乎心情不美。中午在吧台吃午餐時，她板著一張臉，突然莫名啜泣了起來。我暗示咖總監把她叫到會議室關心一下，想弄清楚是怎麼回事？被誰弄哭了嗎？

蕊內吸吸鼻子回答：「是微疼啦！」

咦？怎麼會被公司的漫畫家弄哭了呢？我和咖總監面面相覷，滿頭問號？

她擤了擤鼻子後緩緩說著：「不是微疼把我氣哭的！是今天在跟廠商討論時，對方態度表現出不是很尊重插畫家，我忍不住據理力爭，但本來說定的活動行程可能產生變數，於是我想稍微平復整理一下心情再跟漫畫家說明。但我謹記噗總裁您一直提醒要『盡量讓創作者可以保持愉悅的心情進行每次的創作』，所以我沒打算一五一十把這些不開心對話跟他說……」

喔喔，這樣我明白了，原來是被廠商的態度氣哭了。

蕊內說：「吼！我才沒那麼脆弱！是我在電話中正要和微疼說明活動可能變動，還沒解釋原因，他就猛然問一句：『你有受委屈嗎？』害我眼淚忍不住掉了下來……」說到這邊，她的眼淚又撲簌簌落下。

聽到這裡，我和咖總監也不由得眼眶濕潤。一直以來，經紀人都被要求站在最前線為創作者洽談各種合作，卻也要接收廠商的各種情

某天下午
吃飯時間板著一張臉的蕊內，
不知道發生了什麼事

廠商

超不尊重的啦！

還以爲是插畫家欺負我們蕊內，
正打算去關心一下……

‧‧‧‧‧‧

那個……

活動可能有更動…

先不管這個了……

你有受委屈嗎？

呵呵呵一

感動…

意外是個暖男呀……

緒或不合理要求，但因為不想影響到創作者的心情，通常不開心的負面訊息或情緒就只能往自己肚裡吞，但沒想到還是有不少貼心的創作者有注意到，而且雙方長期合作下，默契已經好到從電話中的語氣或反應，就大概可以猜到經紀人遇到難題了。

感性的創作者總是充滿溫暖能量，但有時這麼感性的藝術家性格也不算好事，有可能好心或感性會被少數不肖廠商利用。

經紀公司一直以來接過不少廠商詢問合作，卻期望插畫家以免費或超低廉的費用來支持他們的商品交換廣告等各種形式的合作，通常會做這樣的要求，背後動機就是：「插畫家不就是拿筆畫兩下，又沒花到什麼成本，畫張圖免費幫忙宣傳互惠一下有什麼損失？」

面對不尊重創作者及輕視創作價值的廠商，真是會讓人貓共憤，簡直想送他一記我的肥貓飛踢！

以上這種狀況若遇到經紀公司，幾乎會在第一關就被打回去。但是有種情況最讓本貓惱怒到要狂嗑貓草消氣。

之前有間大企業品牌花了一筆錢聘請活動公關公司宣傳企業公益形象，活動公司就以合作公益的名義廣邀創作者免費繪圖，做為公益推廣。

大家發現哪邊事有蹊蹺了嗎？活動公司向品牌企業廠商收取的費用中，已經包含後續規劃邀請插畫家聯名創作和宣傳的授權金，但是活動公司卻打著公益美名，到處廣邀創作者一起做公益。這樣很容易吸引到被說詞感動的創作者，於是活動公司就賺到免費的行銷資源，

省下原本該支付給創作者的費用。這種打著假公益之名卻利用插畫家的投機作法，本貓超不齒，因此我們經紀公司通常要一眼拆穿這種目的和動機不單純的合作邀約。不過還是有許多創作者無法第一時間察覺，甚至被公益故事感動到不要不要的，還一把眼淚一把鼻涕的用滿滿的愛心奮力創作。

介紹這個案例，並不是叫大家從此不要合作公益，只是想說創作者多半很單純善良。而我們毛毛蟲文創每年也都會幫創作者接下大大小小公益合作案，但多半是和公益基金會直接聯繫，期望創作者用愛繪製的圖像，真的能直接回饋到這些弱勢團體身上。

在合作廣告邀約越來越多時，這些創作者很需要身邊有個冷靜、可代為理性判斷的朋友或家人來提點自己，甚至協助創作者爭取該有的權益。而經紀公司就是一直在扮演鬥智、保障創作權益的監督角色。

理性的經紀人

「聽說你在一家文創經紀公司上班，公司經濟狀況還好嗎？」
「和那麼多知名創作者和角色一起工作，應該每天都很開心吧！」
「授權是不是把同張圖一直賣出去就可以賺錢的無本生意啊？」
「經紀人需要幫插畫家畫圖嗎？還是平常要服侍插畫家？」

咳咳……在告訴別人你在文創經紀公司上班後，就會收到各種天馬行空的疑問，然後還自行腦補很多畫面，像是想像經紀人應該都是超級文青打扮：上身是寬版白襯衫，戴副黑框眼鏡，搭配時下流行的

寬褲和小白鞋……等等！別想了，這是無印良品的店員吧？

文創經紀人究竟是不是文青呢？本貓覺得見仁見智。像我這一臉看上去就是圓臉油頭又跋扈的總裁相，就從沒聽過有人對著本貓說過：「啊，這隻貓好文青喔！」

從外表當然無法看出是不是一個稱職的文創經紀人！像是剛剛進門的凱特不知道昨天又熬夜到幾點，只有在跟客戶開會時打扮得體，沒開會的日子就像個失業遊民晃進公司，一身寬鬆睡衣，眼睛掛著兩個黑輪，帶副大眼鏡，只套上拖鞋就這樣來公司上班了。嘖嘖……難道不能照顧一下貓主管的目睭嗎？

今天天氣很好，門外鄰居又來探望我和咖總監了，隔著玻璃都難擋他們炙熱的愛慕眼光。

「你看那兩個主管吃到一身肥肉，一定是這公司賺很大！」

親愛的鄰居你們誤會大了。你們懂什麼叫壓力肥嗎？每個月本貓要擔心有沒有新的專案合作？廠商是否準時付款？商品開發費在哪裡？出國展覽費用怎麼那麼貴？當然還有公司基本人事與管銷成本，以及不能省的總裁御用貓罐和頂級貓砂。這些開銷和財務壓力真壓得我不變肥都難，想當年我也是隻美男子貓（遠目）。

文創公司有很多種類型，毛毛蟲文創就隸屬「圖像 IP 產業」中的文創經紀公司。既然都說到是產業，就表示公司必須創造經濟產值。

角色圖像 IP 所產生的經濟效益我們稱之為「角色經濟」，但是要如何創造角色經濟的市場價值，這就得做許多的功課和準備。這些行

為一點都不文青，甚至非常殘酷的貼近市場經濟面，所有營運方針和商業模式操作，都無法單憑一股熱情就完成。

如果我們說創作者是感性的代表，那麼幕後要把圖像 IP 推上舞台亮相、創造出市場價值的推手——經紀公司，就是理性的代表了。

除了必須擁有基本專業外，還特別需要有冷靜思考和堅強的心理素質，才能在遇到無法掌控的情況時，避免自己比創作者先崩潰，然後還得在快速判斷後，一把將創作者及圖像角色帶離混亂局面，殺出一條血路衝出去！

咖總監瞇著眼、嚼著貓草說：「啊現在是要衝去哪？」呃……這個……就衝出紅海，找到角色市場的藍海吧！（汗）

經紀公司 VS. 插畫家

在公司逐漸轉型經紀商業模式後，本貓有很長的一段時間在思考所謂的「文創經紀人」形象及該具備的專業技能。

這幾年也聽聞某些經紀公司與作者之間有財務糾紛、商標搶註等事件，甚至市場上開始出現投機份子，偽裝成經紀人矇騙創作者簽約賺取暴利……這些事層出不窮，已大大傷害了外界對文創經紀公司的評價及專業形象。

一個還在努力要闖出頭的小文創公司，尚未在外界建立起正派形象及獲得創作者信任之前，是否就會先被不良的社會觀感擊垮？雖然我們無奈也無力阻止這些事發生，卻可以拿他山之石攻錯，更加警惕

自省做好經紀人的責任及本分，並避免觸碰可能違法的灰色地帶。

那麼，經紀人和創作者到底算是什麼關係？

曾經有人跟我說，是上對下的關係。因為創作者仰賴經紀公司經營接案合作和授權推廣，所以創作者比較弱勢。呃……雖然說還不到像家人那般親密，但也不至於是雇主對勞工的勞資關係。

經紀人的多重身分

或許因為毛毛蟲文創最初就是由插畫創作者和行銷專才共同成立，所以特別尊重創作者。

每一位透過簽署經紀約加入的創作者、公司或團隊，在我們眼中宛如是鋪紅毯抬著轎子恭迎職人、老師及專業人士的加入！那麼到底經紀人該用什麼身分或關係來應對創作者呢？

喵的！真的很難一言蔽之，所以本貓決定整理出來給大家瞧瞧。

1. 智慧人工翻譯機：能精準抓住客戶百百種需求，並化繁為簡，轉化成插畫家容易理解的重點及文字。去蕪存菁將有用的資訊提供給創作者，多餘的負面的廠商情緒文字或雜亂資訊過濾掉，以免誤導創作方向或影響到創作者心情。

2. 幕後智囊團：在合作授權或全新創作時，插畫家可能會找不到靈感，這時就要能快速整理相關資訊及案例，提供創作者找到設計方向或撰寫故事腳本。

3. 保衛商標著作的守門員：任何有可能侵害角色商標著作權的合作都無法輕易放水。嚴謹把關，並請律師確認合約以給予創作者及角色品牌最完善的保障。

4. 船上的掌舵手：經紀人和創作者猶如搭乘同艘船的船長及船員，目標和目的地一致，因此經紀人必須不斷累積專業及培養高瞻遠矚的視野，才有能力引領船隻航向終點，並隨時可判斷是否正航行在正確航線上。如果不小心中途駛歪了，就趕緊調整角度回到正軌上。

5. 有福共享、有難同當的夥伴：在將插畫角色圖像推向授權市場上，經紀人和創作者就猶如生命共同體，不是一起共好就是共壞，因此雙方需要更加積極相互督促及給予鼓勵、打氣！

6. 最後一道防線的品管人員：在設計授權創作最末端的產物，可能就是實體商品、展覽或廣告等等形式，創作者可能已經把所有蠻荒之力都用在前端的設計上，此刻就需要有深懂角色品牌的人接手，嚴格把關檢驗產物是否有出錯或合格。避免及預防因低劣品質或出錯，傷害到努力經營的角色品牌形象。

7. 隱惡揚善的品牌公關、說書人：觀察到許多藝術家、插畫家和創作者，個性都比較內向害羞，不擅長毛遂自薦，常吃虧在不知如何讓市場知道自己角色的特色。這時就需要有人替角色發聲，站在市場第一線宣揚角色品牌理念特色、故事性及過往合作過的品牌……等等，並巧妙的隱藏起角色可能尚缺的部分或不足點，盡可能讓適合的企業品牌或客戶一起合作。

8. 畫得沒你好卻可以退你稿的壞蛋：在毛毛蟲文創中培訓出的經

紀人多半不是讀設計出身，可能不會畫圖或畫得不好，卻因為熟悉整個專案需求，也了解這個角色特性如何設計表現會更加分、更吸睛，因此會搶先在客戶審圖前先看過，甚至會要求創作者調整或再多提供幾版設計，這時就不得不化身為討人厭的反派角色。

9. 除了創作者之外最在乎角色品牌的人：大多正派的文創經紀公司都會讓作者自己註冊擁有商標及著作權，因此角色品牌始終是跟著創作者，並不屬於品牌經紀公司擁有。然而，經紀公司及經紀人雖不擁有品牌，對品牌的關心程度常不亞於創作者，甚至有過之而無不及。因為品牌形象關乎角色未來的發展，隨時都有可能受傷害或有被侵權的風險。經紀人必須有足夠的敏銳度和危機感去防範，捍衛維護著作權及角色品牌形象。

10. 徵信社偵探：當某個插畫角色發展有所起色，就會收到各種大小合作邀約信如雪片般寄來，這時經紀人必須具有時事敏感度，扮演網路偵探，運用人脈情報去打聽確認欲合作的企業品牌或商品是否有負面消息或新聞。通過第一層的初步把關，確認品牌沒有問題後才放心洽談合作、報價及進入簽約等合作流程。

🐾 經紀人如何看角色？

‧‧

　　毛毛蟲文創是一個以品牌經營為主的角色（圖像IP）經紀公司，經紀團隊需要投入很多心力去陪伴角色發展為品牌，所以在經紀團隊人力有限下，無法同時簽下太多角色。我們每年至多只簽約一、兩個新角色，因此慎選合作簽約角色，就成了經紀公司很重要的事。

　　在初步接觸不熟悉的新角色前，經紀人得先做些功課和不斷累積挑選角色的眼力。以下幾個評選指標也是能幫助經紀人對新角色進行初步評估的重點：

1. 角色的原創性。
2. 角色的吸睛度。
3. 角色外型或故事的記憶點。
4. 角色特性設定是否能與市場銜接？
5. 創作者對營運角色品牌的心態及想法。

創作者如何挑選經紀公司？

　　經紀公司在挑選適合合作的角色時，會有一些評斷標準，而創作者在挑選想合作的經紀公司前也可以從以下所列的幾個重點多加評估參考。每家經紀公司對於挑選合作角色標準不一，所操作的方式也不盡相同，所以多打聽、多了解可幫助自己找到適合的經紀公司，或是了解後發現其實自己不一定需要經紀公司，或許善用身邊及網路資源也可以自我發展得很好！

　　最後建議想找經紀公司的創作者，有想要詢問的經紀公司時，可以先發封禮貌的自我介紹信到經紀公司信箱，讓有興趣的經紀公司主動來接洽並約訪！

1. 是否為已有工商登記的公司行號？
2. 目前是否有其他簽約的角色？
3. 打聽是否曾與創作者有發生糾紛事件？
4. 公司內是否有專屬的智慧財產權顧問律師？
5. 觀察已被經紀角色的發展，或是詢問被經紀的創作者心得。
6. 了解經紀公司背景及擁有的資源。

學習貓咪展現恰如其分的 ”
感性及理性。
“

🐾 噗總裁金句

CHAPTER

03

沒有公式、沒有 SOP
——掌握原則，不斷接受新挑戰

迷人又可恨的工作癮頭

叮咚！「您好，我是物流要送貨！」

「彼得，能先幫我簽收貨運嗎？」新進的女同事四月正一手拿著電話、一手拿著廠商的報價單遞給坐在前面的彼得，並用哀求的眼神向他求救。在彼得還沒起身前，我搶先一步跳上紙箱簽收。平常淡定如山的我，完全隱藏不住內心的期待和興奮！

「四月，這些是新開發的折疊傘嗎？」從外頭陸續回到公司的同事們紛紛探頭詢問。

看著辦公室裡堆成小山的紙箱堆，每個人都很雀躍。我趴在箱子上瞇眼看似打盹，其實是在享受這一刻的甜美成果。這段從 0 到 1 的過程，不只是在為客戶量身打造吉祥物，我們團隊更透過不斷提案發想、插畫家創意設計、親自監工校色等等繁複歷程，開發出越來越多

有趣的周邊商品。

　　居高臨下看著同事們正聚精會神認真討論商品的模樣，我忍不住嘴角上揚，再躺回最舒服的姿態。半年前，這一批同事應該沒料到自己會學到如何挑選傘骨傘面材質、與客戶闡述設計概念、與插畫家深夜看圖討論，然後一步步製作出眼前真真實實的一把傘吧！

　　圖像設計及授權的領域與項目多元且靈活，每次的商業契機也為圖像 IP 開啟了一道道機會的大門，而文創經紀人則是一個需要隨時能接受新事物、克服新挑戰的開門者。

　　回想起這幾年面試新人時，常遇到面試者提問：「經紀人的具體工作項目有哪些？」我總覺得這問題很難回答。並不是無法回答，而是此刻的答案有可能在不久後就會被一個新企劃或任務推翻，答案常一直在改變啊！該怎麼讓抱著理想前來應徵的人可以理解，也能享受這工作充滿新鮮、挑戰的迷人（更多是可恨）之處呢？我用後腳不斷搔頭苦惱著……

　　面試新人時，我總愛打探面試者對新事物的接受度有多高。就像我和咖總監對莫名小蟲有著源源不絕的高度興致一樣，如果期待在這

家公司有個套路或永遠不出錯的公式可以依循，那可就大錯特錯了！

想要來點不一樣的

一天下午電話鈴聲大作，較資深的文創經理阿曼達接起來後仔細聆聽、詢問，不時還眉頭深鎖，交談一陣子後掛上電話。

阿曼達說：「噗總裁，某百貨公司即將週年慶，他們想邀請多個知名插畫角色一起聯合做個貼圖展⋯⋯」本來今天毛球要吐不吐、心情鬱悶的我，一聽到這個企劃更覺毛球卡著不暢快，看著阿曼達欲言又止的表情，便淡淡的問：「那你覺得可行嗎？」

阿曼達深吸一口氣後，忍不住劈哩啪啦的說：「我沒有覺得這個企劃不好，但是幾乎所有賣場百貨都在做一樣的展覽，難道我們插畫家的角色不能有不一樣的玩法嗎？」很愛挑戰自我極限的阿曼達雖然外表甜美，但骨子裡卻有著直率爽朗的性格，著實是個內心剛毅的女漢子！

一旁的蕊內也默默出聲：「展覽的表現形式可以很多元，這對公司和插畫家來說是很難得的機會，要不我們來研究這家商場的特性後反提案回去？」資深又個性內斂的蕊內，總是特別能得到插畫家和廠商的信賴並對她傾吐心事。

於是那個週末，阿曼達親自跑了賣場的每一層樓，一一筆記下不同樓層的特點和客群，並且將心得告知較有展覽規劃經驗的蕊內，請她聯繫可配合的廠商。確定想法可行後，就更篤定的將整份企劃完成，

信心滿滿的在與客戶的會議上準備好簡報。

「向大家報告，這是我們針對商場不同樓層的特點分析，也規劃出相對應的不同角色進行聯名，期待能讓合適的角色與民眾進行互動，但又不應讓每個角色活動太過獨立，因此我們提案以『尋寶採點』的方式，讓民眾到不同樓層尋寶以串聯多個角色，並進行有趣的 AR 拍照打卡集點。集點完成後即可兌換限量的會員聯名贈品喔！」

在阿曼達神采飛揚的說明企劃想法後，我立即接話補充：「其實這 AR 打卡集點活動不僅是想展現角色對民眾的號召力，同時也是吸引民眾前去較不常逛的賣場樓層，進而有機會增加消費！」

接下來阿曼達又更細項的報告整體行銷配套規劃，並且展示 AR 互動拍照的玩法給客戶看，整場會議後半段充滿歡笑、驚呼連連。最後客戶主管在離開前笑著說：「你們是做了多少功課？簡直把我們賣場摸透了！這些觀察和角色安排活動都很到位，實在無從挑剔，我們就這樣來合作吧！」

🐾 從既有的經驗中不斷求新求變

經紀人要隨時對周遭新事物保持好奇和關注，才有能力在關鍵時刻調閱腦中的資料庫，將不相干的資源進行串聯和整合。透過洗牌重組後，就可能呈現令人耳目一新的結果。

「反提案」並不是為了要表現個人或公司才反對原來的提案，而是將目標放在雙方合作最好的結果下回頭反思，找到更好、更有效的作法才重新提案。

成功模式能複製貼上嗎？

「噗總裁，我們公司過去有彩繪變電箱的案例嗎？有客戶看到彩繪牆面那個案子覺得很喜歡，想邀請我們參與市容美化的專案。」前陣子才經手完成插畫家公益彩繪牆面案的蕊內，剛收到一封來信後好奇的詢問著。

每當做完一個成功吸睛的專案，總是會有其他客戶找上門表達合作意願，但若只按照之前成功模式再 run 一回，並非每次狀況都能用 Control+C 再 Control+Z 這樣簡單執行，並保證 100% 成功啊！

就以「彩繪牆面」這案子來說好了，光是前置作業就相當繁雜。一是要先了解彩繪的牆面特性後，再研究適用的塗料；二是要考量插畫家們進行手繪的時間和體力；三是考慮彩繪時的天氣、光線及濕度等等條件，並評估是否需要架設投影機、遮雨棚等器材。綜合以上天時、地利、人和三要素，才能構成一次成功的牆面彩繪成果。

回到剛剛蕊內說的邀請案，是「幾十座」變電箱啊！OMG！這又是另一個大難題，如果沒有委外專業的油漆施工單位配合，插畫家願意親自畫到天荒地老嗎？想到這裡，我突然覺得一陣反胃，又該吐吐毛球了……

客戶對於合作總有美好的想像，認為過往成功案例可以完整複製並實現，此時經紀人必須具有正確的評斷力去檢視每次專案間的微小差異和執行難易度，並將可預期的失敗率及具體可執行的方式如實告知客戶進行評估。

經紀人的工作中，其實還是有最基本的 SOP 和原則，但更需要有舉一反三的能力和彈性，而經紀人之間的交流和實戰經驗傳承，也是重要的學習課題啊。

貓體是水做成，圖像授權也是吧！

「嗯，這次的紙箱滿舒服的！噗總裁你快過來試看看。」咖總監動作一如往常般敏捷，剛到貨的折疊傘才收好，他居然已經跳上去佔據其中一個空箱

「噗總裁、咖總監，這些紙箱之後還要寄給客戶，不能壓壞，不然這個比較小的紙箱你們塞得進去就先將就著用吧！」同事四月默默拿出不知哪來的小紙箱，想偷換回剛送來的新箱子。

「我不是妥協，我是考量客戶需求！」沒魚蝦也好，我和咖總監心不甘情不願的抬起肥大屁股離開新紙箱，還對四月碎唸：「你們難

道不知道神聖的貓體是水做的！」

　　我翻滾了幾個角度後，還是完美填滿了小紙箱，一點肉也沒有溢出去。就在睡意即將襲來之際，突然對這一切有了點新感悟⋯⋯

看！一點肉也沒有溢出去，喵嗚——

大家都說貓是水做的

　　圖像授權合作的道理，其實就像我塞入這個紙箱一樣啊！客戶拋出需求，為了成就每一次難得的授權合作機會，無論面對什麼樣的需求或挑戰，都應該要像貓咪那般能塞入各種紙箱中，我想這也象徵了圖像授權應用的彈性與靈活性吧！

　　要是凡事都固守原則、不肯接受新挑戰，肯定會被求新求變的市場洪流沖走的！要能夠借助洪流之勢將插畫角色帶到更遠的未來，才是我們必須達成的目標啊！喵嗚～我真佩服自己能有這麼高的貓悟性呢，同事們真該學著點！（瞇眼）

🐾 原則不是固執，方圓之間拿捏得宜

　　許多創作者都有藝術家脾氣和個人原則，這也是造就許多超凡藝術創作的因素。創作者就該有強烈個人色彩，但推廣行銷的經紀人反倒需要身段柔軟、思考靈活。

　　很多人誤會這不就是業務性格嗎？但我們不這麼看。文創經紀人的原則很多很硬，但那把尺已經深化到無形，為了促成每一次的成功合作，必須練到將專業和授權捏成一顆水球，成為可高度變化、充滿彈性，以因應市場的各種需求。

經紀人需要身段柔軟、思考靈活！

" 保持彈性度，才能蹲得低、跳得高！ "

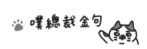
噗總裁金句

噗總裁

噗總裁說

危機來了

────危機與風險該如何因應？

發福危機！
舔不到!!

經營一家文創經紀公司會有什麼風險？一開始想說不就是努力把圖像賣出去而已嗎？但真正開始營運後，才發現當時根本是「初生之貓不畏虎」啊！

但是創業本身不就是要帶點傻勁和愚勇，才會奮不顧身去衝嗎？如果腦筋一開始就太清楚，大概早就打消這念頭了吧（笑）。

營運一個新事業，本來就有很多風險和危機，即使做了再多避險規劃還是防不勝防，因此只能平時訓練自己養成危機處理的能力，至少能有兵來將擋、水來土掩的即時反應力。

我們毛毛蟲文創在歷經跌跌撞撞、各種大小事件還能倖存至今，想想也是頗為幸運吧！在這些化險為夷的危機事件中，其中有兩件最讓本貓深刻難忘。

圖像被侵權了！

天啊！怎麼會發生這種事情？我看著一張張照片驚訝到下巴闔不起來。這一刻傻在原地的我，是剛和毛毛蟲共同成立工作室的嫩貓總裁。面對眼前狀況我愣了許久，才漸漸感覺到全身血液集中、衝上腦門。「喵嗚～～～～」我不禁生氣的怒吼出來！

毛毛蟲說：「肥噗，這是怎麼回事？不是說只和他們合作出席分享一場講座，為什麼毛媽在巷口那間補習班看到招牌紅布貼著毛毛蟲的圖案，還打廣告叫大家來報名當收入百萬的插畫家？現在大家瘋狂傳訊問我是要去開課教插畫嗎？超傻眼！」有著一張撲克牌酷臉其實

性情溫和的毛毛蟲，今天也忍不住皺起眉頭。

　　這事發生在前一晚，我們陸續收到粉絲的私訊，還附上照片寫著：「哇！毛毛蟲你好棒！這是在我家這邊補習班拍的照片，好可愛喔！」一系列照片從門口的大紅布條、地貼、玻璃門貼、桌貼、海報，甚至連廁所都張貼著ＤＭ，滿滿的毛毛蟲大頭配上斗大的文字：「一起來當百萬插畫家！」還有密密麻麻的課程資訊。我不禁感到一陣暈眩，心裡浮上一個聲音：「難道我們遇到了傳說中的『圖像侵權』？」

　　當晚不顧是否會打擾到人家，趕緊打電話給律師用顫抖又憤怒的聲音請教：「現在我們該怎麼做？原本只是一場講座邀約，就是收幾千元車馬費的單純演講，怎麼會發生這麼誇張、鋪天蓋地的圖像被盜的狀況？而且還不只一家，是全台幾十家連鎖機構都在這兩天將廣告張貼上去，而我們一開始談的講座活動卻遲遲還沒開始……」

　　「去報警吧！」律師語重心長給了這樣的建議。

　　這一夜，本貓無法入眠。天亮後在不打草驚蛇下，我們先前往「公證人事務所」請公證人先公證網路及手機網頁上的侵權廣告截圖，再來就是前往現在隸屬保安警察第二總隊刑事警察大隊報案。

　　小隊長在聽聞我們的遭遇後，一臉司空見慣的說：「我要怎麼知道你是創作這角色的著作權人呢？」小隊長果然看來辦案經驗豐富，受案前要先了解報案人是否有謊報嫌疑，不免提出質問。

　　律師早已建議毛毛蟲把出版過的繪本帶在身邊，可以出示證實本人確實是創作者，而且角色也有公開出版過。最後他拿起一張白紙開始快速描繪那個即使閉眼都不會畫錯的角色毛毛蟲，小隊長在確切證

1

2

3

4

： 你好，我是文創經紀人，喵～

5

當時律師語重心長的說

6

7

一番波折後，侵權事件最後也算圓滿落幕

順利守護了插畫家的權益！

8

明後也受理報案，並開始了一段痛苦蒐證、談判及訴訟的處理侵權經歷。

基於偵查不公開的關係，即便很氣憤，也無法在網路上大肆宣傳張揚侵權事件。整個蒐證過程都得私下透過朋友及粉絲、網友的協助。很意外的，僅僅花了兩天就幾乎將全台連鎖機構侵權照片收集完畢。

本貓與當時天字第一號的元老成員美術設計──小瑜，一起沒日沒夜把蒐證回來的資料分類整理成冊，準時在小隊長要求的時間內送達，還因此被小隊長誇獎說：「你們真不簡單，竟然全台蒐證這麼有效率！而且我頭一次看過這麼精美排版的報案書！哈哈哈！」喂～本貓怎麼覺得被誇獎卻笑不出來呢？

「我們正式對貴公司發出嚴屬的申明，要求公開道歉及賠償！」在會議室中，我忍不住拍桌怒斥。那張曾用誠懇語氣取信於我們的行銷窗口，現在卻嘻皮笑臉不承認盜用圖像，真是令人怒火中燒。是覺得大公司後台硬？還是覺得台灣的創作者特別好欺負？不發威當我們是病貓膩！（我是肥但沒有病好嗎？）難道不知道侵犯著作權法是刑法嗎？個人判罪可是會背負刑責的。真不知眼前這位仁兄怎麼還笑得出來？

一開始還有些期望侵權方不是存心故意這樣做，也期望他們願意道歉並撤下所有侵權物及進行賠償，但果然是本貓把人性想得太過美好，沒有人會承認自己犯錯。

而這起侵權事件走到這，我和毛毛蟲也因到處奔波感到身心俱疲，我本來的肥肚肚在心情焦慮下竟然消了一圈。但為了捍衛創作者的權

🐾 被侵權了怎麼辦？

1. 別打草驚蛇

如果確定要提告報警，網路上的留言叫囂警告只會打草驚蛇讓對方提早撤下證據，後續要找公證人截圖，或前往現場蒐證拍照也找不到任何證據。

2. 找公證事務所認證

被侵權後大家第一動作就是先截圖！但這只算做對一半，也可能未來在訴訟上無法採用，因為最有法律效力的截圖是由公證人親自見證截圖並蓋上公證章才算數。

3. 前往報警

以下提供被侵害智慧財產權報案的相關資訊：

內政部警政署保安警察第二總隊刑事警察大隊

檢舉專線：免付費電話 0800-016597

檢舉信箱：0800016597@iprp.spsh.gov.tw

4. 評估是否聘請專業律師

任何的官司纏訟其實都是一件很耗時耗神又耗財的馬拉松，可以評估是否聘請專門律師協助。而律師代理費、訴訟費很貴怎麼辦？可以提出由敗訴方賠償勝訴方的律師費用損失。

益，這次無論如何都要讓台灣的大鯨魚（企業）知道再小的小蝦米（創作者）也會反擊！毛毛蟲可能是吃素，但我這隻肥貓噗可不是！

　　故事說到這裡，彷彿又經歷了一次被侵權抗爭痛苦的過程。整個侵權事件最後也算圓滿落幕，雖不滿意卻也達到我們的最終目的，並且對當時還不夠重視智財權的社會氛圍及企業，還算是起了一點警惕和教育作用。

　　我們當然都期望毛毛蟲被侵權是最後一個案例，未來不再有任何創作者的心血被侵害。而這個事件現在回頭看，除了感嘆之外還有感恩，慶幸是在公司成立不久就遇到，雖讓我及毛毛蟲心裡留下很大的陰霾，卻對往後的毛毛蟲文創產生深遠影響。

　　在事件落幕後一年後，毛毛蟲文創正式轉型為經紀公司，且奠定至今沒再動搖過的核心價值理念：「保障作者的著作權為不可牴觸的第一優先。」

插畫家罷工了？

　　剛講完比較嚴肅的侵權事件，來分享比較輕鬆的第二事件。

　　在這之前，本貓先老王賣瓜一下。雖然身為一家公司總裁看似體面，又是顏值擔當的代表，經常被客戶誇獎我和咖總監太鮮肉又帥氣，還有出版社氣質滿點的編輯群不知哪來的勇氣，竟然說想幫我跟咖總監出書！你們真是的（掩笑），以後書賣不好不要怪我倆貓兄弟呀！

　　講回正經的，身為職場顏值擔當（是要說幾遍啦）的貓總裁，真

的不是賣臉和賣身就好，最能展現實力的時刻，就是在大家驚慌錯亂中帥氣登場，一口氣解決危機！

回想起前幾個月的某個週末，我正在進行下班後的娛樂——捕捉又放生小強的遊戲，突然接獲同事緊急來電，有名插畫家網路發文不太對勁。我們某位人氣插畫家竟然在不明原因下，突然自行在網路上宣布罷工！

什麼？我有沒有聽錯？毛毛蟲文創挺過大小風雨至今，可是從沒遇過「罷工」這種情況。我翻了一下最近的合作案和合約……不妙，得趁合作聯名商品的客戶還沒察覺之前，趕緊聯繫上插畫家。

「啊！怎麼會發生這種事？嗯嗯……我了解你的處境，但這樣發言真的太過衝動了。沒關係，我們先冷靜想想辦法吧！」掛上電話後，我的心情有些沉重。

這名插畫家一直很敬業，圖文也很受網友喜愛，但是因為家裡有些狀況影響到創作心情，怎料在此低潮之際，半夜做了衝動性的永久罷工宣言。雖然本貓真的能同理和體諒，但現在還是得快點想辦法，不能讓這還有大好機會發展的角色品牌就此終結。況且如果過幾天插畫家反悔想恢復創作，又該怎麼下台階呢？萬萬不能讓這種難堪的局面發生。

於是我臉也不洗、毛也不理，用我洪亮的叫聲緊急發出紅色警戒。這是第一次把週末休假中的經紀人團隊召回公司。大家緊急商討，一起沙盤推演應變方式。

我們先觀察那幾日最熱門的時事話題，找到合適的議題後，再研

擬出一套說詞讓插畫家的罷工事件可以代入，讓這篇罷工發言變成呼應時事梗的玩笑話。也請插畫家配合公告一篇圖文說明，期望能成功化解品牌危機，轉移粉絲和新聞的焦點。大家就此分工進行。

到了週一上班時，合作的品牌客戶在還未察覺之前，這件事就被化解了。大家鬆了一口氣，慶幸有及時處理，如果多拖兩天就有可能讓這場罷工演變成無法挽回的真正危機。

這次也實實在在挑戰了整個團隊的危機處理能力，再次展現出我帥氣貓總裁拆炸彈的魄力！但是私下我也特別感謝咖總監平常訓練有素，經紀人團隊都培養出高敏銳的警覺性，才能及時察覺回報並化險為夷。當然也希望這是最後一次插畫家罷工事件。本貓帥氣的背後，其實差點被嚇到高血壓破表中風啊。（汗）

噗總裁的危機教戰攻略

. . . .

1. 危機感要無所不在

在危機處理教戰書中常舉一個例子：「當你覺得空氣沒有味道時，就可能是一氧化碳中毒。」危機不會只出現在工作中，日常生活中也有許多危機悄悄發生。但從本案例中看到，想要了解危機處理步驟或培養能力，前提是提早察覺到危機的存在。沒有高敏銳度，即使學再多危機處理，還是派不上用場啊！

2. 以四兩撥千金法拆解危機

所謂危機，很多時候指的是無法提早預料到的麻煩事。在無法提早預防下，只能在事件發生後才能開始策劃「救援」或「拆解」計畫。噗總裁的案例就是運用四兩撥千金法化解，冷靜思考找尋周圍有什麼資源可利用，再找到傷害影響最小的攻入點去扭轉情勢。即便無法立即化解，也要盡力將「立即會引爆的危機」轉化為「非即刻性的危機」，之後再慢慢處理。

面對危機就接受它、解決它，
否則就是等著它解決你。

🐾 噗總裁金句

咖總監說

CHAPTER
05

圖像授權到底是要
「售」給誰？

—— 關於圖像授權的眉眉角角

這天早上，同事四月進公司之後，若有所思好像在苦惱什麼事，於是我主動走到他面前，用頭頂頂他的手，想知道可以給他什麼幫助？

「咖總監，今天下午例會要討論明年度角色可以做哪些圖像授權合作，我有先上網搜尋什麼是圖像授權，雖然找到很多文字資料，但卻不了解實際運用上可以怎麼做或怎麼進行，我不知道要拿什麼跟大家討論才好……」四月一臉苦惱的說。

喔……原來是在煩這個啊！這也不能怪四月，畢竟他是公司最新的同事，雖然聽過圖像授權卻還沒真正執行過，毫無頭緒也很正常。為了解開她的疑惑，我把資深同事凱特和蕊內找來，打算請他們在例會開始前，先幫四月上一堂「圖像授權入門課」。

圖像授權其實就在日常中

凱特先說：「簡單來說，圖像授權就是當角色品牌化達到一定的成熟度，開始進行多元跨領域合作，不只把角色圖像推廣出去讓更多人認識，同時透過角色的知名度與辨識度，為授權合作的品牌帶來更好的加值，吸引不同客群，也為角色帶來收入和提升品牌高度，創造雙贏的合作關係。」凱特先簡明扼要快速解釋了圖像授權及插畫角色間的關係。

我看到四月的眉頭稍稍鬆開了一點，但還是帶著疑惑。

這時蕊內接著說：「圖像授權這四個字在合約裡扮演的是嚴肅審慎的關鍵字，但它其實是非常生活化的唷！不管是食衣住行，還是教

育、休閒娛樂，每一項都可以運用到圖像授權，像是零食飲料的包裝、潮T或馬克杯圖案、政令文宣、商場百貨展覽活動，所有你想得到的，都能跟我們的角色結合，用圖像授權的方式進行聯名合作。」

聽完蕊內的說明，四月的表情終於放鬆，露出恍然大悟的笑容！領悟力很強的四月一定明白圖像授權的運用了，我很期待下午的例會中，可以聽到她提出不少有趣的提案。

授權類型什麼都有、什麼都不奇怪

蕊內說的沒錯，你能想得到的人事時地物都能做圖像授權合作，所以要歸納出授權合作有哪些類型，看似不難，實則不容易。因為即便是同一個客戶、同一件商品，當合作角色不同時，就會組合出有趣的新視覺創意，所以授權類型永遠都有新鮮事。

依據這幾年授權的經驗，大致可畫分出 6 大類授權形式。接下來就讓我咖總監為大家解說「圖像授權合作類型面面觀」吧！

授權類型有這麼多～

插畫家也這麼多～

⦿ Type1 . 公益合作

　　我們時常收到來自公益團體或基金會的邀請,希望能和角色合作傳遞理念,幫助更多有需要的人。對於角色品牌來說,這類合作除了能回饋社會、盡一份心力之外,也是能提升正面形象的好機會!

公益愛心實例:

1. 走心靈雞湯療癒路線的「毛毛蟲」,就曾將角色圖像授權給張老師基金會,做為宣導主視覺。希望能藉由毛毛蟲的溫暖,引導人們撥打 1980 專線說出心裡話,傾訴心中壓力。

2. 同樣也是暖心風格的「天天好事」,可愛討喜的好事貓總能令人會心一笑,和促進高齡長者身心健康為宗旨的老五老基金會合作推出聯名春聯紅包組,以銷售募資讓更多年長者能受到好的照顧。

3. 因愛吃出名的「吃到飽」,則是授權其中的熊飽角色給唐氏症基金

會，以詼諧的「飽到有春」slogan 為春節手工餅乾禮盒進行授權設計，希望大家用愛心支持唐寶寶們擁有更好的人生。這些公益性質的授權合作都別具意義，也讓在商言商的圖像授權多了一份暖意。

 公益合作不等於免費授權

· ·

現在的公益單位其實都能了解創作者的插畫都有授權行情，也很尊重並感謝插畫家的付出，幾乎都願意支付授權金，但因為身為授權方，也能理解不同公益單位或機構營運較辛苦，也有經費預算的難處，因此授權合作上，也會視情況給予公益優惠價。

⊙ Type2. 商品開發

　　商品開發合作算是圖像授權中最普遍的類型，從食品到生活用品到文具玩具到服裝配件，全部都是可以合作的對象。然而商品開發的時間冗長，來回討論修改調整的過程繁雜，應該可以算是授權類型中最勞心勞力的吧。不過看到成品亮相及銷售數字的那刻，就覺得這些等待都值得了！

　　負責商品開發授權的蕊內前陣子跟我說：「咖總監，每做一件授權商品，我就覺得老了一歲。算算到目前為止做了微疼、小黃間、阿

蕉和老闆這魚的雙層杯；毛毛蟲、8 元哥、賤女奈奈的紅包袋；毛毛蟲和天天好事的保溫瓶；小黃間的襪子、微疼的手機殼和悠遊卡；還有其他角色的公仔也在進行中。今年還沒過完，買尬的，我已經老了 7 歲耶！」

我拍拍蕊內的肩膀安慰他，睜著我誠懇的大圓眼說：「你外表看起來只有 25 歲喔！」是的，對員工適時給予善意的謊言安慰，絕對非常必要。

🐾 每個授權商品都有新知可學

商品種類百百種，所以每次授權及開發不同商品都如同在上一門全新的開發課，需從零開始認識商品特色和了解製程、設計和成品中間的差異性，以及如何在設計圖（插畫家）和成品（合作廠商）之間取得平衡；萬一製作出狀況或時間延遲又該怎麼協調，每一個步驟其實都在考驗經紀人的細心度和溝通能力。

⊙ Type3. 展覽活動

　　展覽活動也是很常見的授權合作形式之一，可能是以原畫展出銷售，也可以配合活動主題設計全新展品，另外還有一種是多角色的聯展，常以商品銷售再搭配粉絲見面活動。

　　角色可愛、畫風溫暖的小黃間就時常接到各式展覽授權邀約。在2019 年中才與宜蘭的煙波飯店合作，以原畫搭配周邊商品，布置角色主題房的實境解謎遊戲，可邀請住客一起來同樂！

　　而在 2020 年跨年期間，我們也把台灣角色帶往澳門國父紀念館進行聯展。這次是 BaNAna 阿蕉先生和小黃間兩個角色品牌一起聯展，期待可為澳門建築注入台灣的文創新活力！

　　每場展覽因應不同場地、不同主題，其內容與呈現形式都需要經過多次討論。而我們想要帶給參觀者的不僅僅是走馬看花的看作品，更希望營造出整體氛圍，讓大家沉浸在角色的宇宙觀裡，在欣賞創作之餘能有更深切的感受連結，才會加深對角色的喜愛及認同。

◉ Type4. 政府單位

近年來毛毛蟲文創也累積了不少與政府單位授權合作的案例，而這類型授權合作的目的多半是希望能藉由角色代言，將原本較為生硬的政令文宣變成一眼即懂的親民形象！另外還有一種授權形式，是期待透過角色的號召力宣傳正在舉辦的活動，像是在 2019 年，毛毛蟲與衛福部合作「心好有你 1925 安心專線」特展，還有無奈熊、天天好事擔任國家圖書館舉辦的台灣閱讀節活動關主，都是運用角色形象提高民眾參與意願，讓政府活動和大眾有更多良好的互動。

◉ Type5. 超商百貨

大家不陌生的超商集點贈品從Hello Kitty、卡娜赫拉、漫威系列、屌斗星球……等等，都是海外知名 IP，而台灣超商合作授權角色至今仍以國外角色比例居高，因此在這個角色授權的必爭之地，台灣的原創角色仍努力盼望爭取更多嶄露頭角的機會，期待國內更多超商、百

貨公司及購物中心看到台灣原創角色的實力!

　　這個願望我們許了好久,或許也有被老天爺聽到,角色們也陸續和 7-11、萊爾富、新光三越、中友百貨、三創生活園區、環球購物中心有聯名合作的機會,一步一步朝台灣這些必爭之地站穩一個角落,然後再發夢一起征服海外超商吧!(笑)

◉ Type6. 影視出版

　　角色圖像能走到影視出版授權嗎?海外這樣的案例並不少,但對於台灣角色發展似乎還有一小段路,能授權影視的角色圖像通常先決條件是有完整的漫畫劇本。

　　以網路漫畫走紅的微疼,連載漫畫一直深受廣大粉絲喜歡,像這樣的角色就可以將漫畫精華內容集結,再加上新的故事授權出版實體書。又像是以驚悚科幻情節取勝的黑盒子,網漫故事內容本身就是

IP，不但能授權出版成書，也是最適合影視授權的好內容呢！

超商、百貨是角色授權必爭之地

　　一大早就聽到阿曼達和四月嘰哩呱啦不知道在討論什麼，時不時還傳來「好可愛喔！」的驚呼聲。

　　放肆！公司裡最可愛人氣第一名，當然是我咖總監，到底還有誰能超越我？我好奇的放輕腳步，逼近兩位笑得花枝亂顫的女同事。喵嗚～到底是誰搶了我的可愛教主頭銜？

　　阿曼達拿出超商集點卡說：「咖總監您看這個嚕嚕米雙層杯是不是超可愛？」四月也拿著百貨周年慶 DM 湊過來：「Snoopy 帆布袋才可愛又實用啦！」原來是在說角色周邊商品，看來超商和百貨商場是角色發展中必爭的兵家之地無誤。先不管這個，我有保住貓界可愛寶座就安心，但稍晚要找噗總裁討論一下戰略，如何把我們旗下的插畫角色進攻百貨、超商！

　　正當我急促著要跳走去找噗總裁時，室內電話突然響了起來，蕊內一把接過去，開始用她低沉專業的嗓音討論著：「我們的商品不能放在架子上層明顯一點的位置嗎？還有紅包袋，請幫我爭取放在收銀機旁邊，這樣客人結帳就可以順便買啦……謝謝

啦！」

才和跟超商窗口講完電話，她手機又接著響起，立即切換頻道忙碌的討論著：「角色圖要授權用在春節檔期 DM 裡可以，但是不能放在單一品牌商品旁邊喔，以免造成角色成為商品代言人的誤會……。」我怎麼都差點忘了，蕊內不就幫我們角色也談下幾檔超商及百貨授權的合作嘛，真是公司內可靠的小姊姊，都有把平時提醒角色授權注意事項記住，努力爭取最好的露出位置，減少可能發生的圖像使用爭議！

🐾 註冊商標和版權保護圖像

虽然使用圖像需要取得授權的觀念已經比過去抬頭，但為了確保角色不被侵權盜用，花一筆費用申請商標和版權取得保障還是必要的。插畫家苦心經營、繪製的角色，經紀人有責任要保護好，畢竟不怕一萬，只怕萬一啊！

不同國家「授」法各有眉角

午休時間結束，我照例跳上辦公桌，巡視員工們有沒有因為吃太飽陷入昏睡狀態。有的人看似盯著電腦螢幕工作，但兩眼空洞渙散根本是在度估。

我巡視到同事蕊內的座位，銳利的眼睛看到他電腦上的網頁是線上英文字典。等等！難道是在上班時間偷上英文課？蕊內發現了我，以看到救世主般的眼神求救：「咖總監，您快用喵星人的語言天賦幫我中翻英這句話好不好？」咦？公司是做圖像授權又不是翻譯社，蕊內為什麼要做那麼燒腦的翻譯工作？

「我這幾個月在跟日本代理商溝通小黃間要在日本蔦屋書店參與快閃展的合作，來回 e-mail 已經超過 100 封了！因為日本人做事超謹慎，每個環節的小細節都很注意，所以每次回信都要先想好中文內容，再查字典找對應的英文單字，然後把整段翻譯成通順的英文，怕解釋不清楚還要找示意圖附上說明，最後檢查文法對不對、單字有沒有拼錯，整篇再默念一遍才敢按下 send 鍵，寫完一封信腦汁都被榨乾了。咖總監您快幫我看看這樣寫行不行？」我張大眼睛檢視，嗯，重點說清楚，單字有用對，圖片再輔助對照解釋，這封信應該是沒太大問題吧？（等等，我是貓欸，又不說英文！）

日本人好講究的性格眾所皆知，但我們的認真態度也不輸他們。一起反覆溝通都是為了確保合作成果的完美，這樣想就一點也不覺得日本人多難搞了，說不好這回換他們覺得我們台灣做授權的經紀公司特別挑剔呢！哈哈！我邊享受大家去日本授權展時幫我帶的零食，邊對著蕊內點點頭，相信這次的日本蔦屋快閃展一定很亮眼！

至於遇到國外合作的案子，要記得不厭其煩確認。礙於語言上的隔閡，可能因為一個單字沒搞懂，就誤解了整個合作方向，所以一定要反覆確認，尤其是信件往來太多，中間有修改調整過的內容很容易

被遺忘，最後在執行前，一定要雙方簽訂合作備忘後再開始。

那跟同樣講中文的中國、香港合作，應該溝通上輕鬆多了吧？

只見蕊內搖頭如波浪鼓：「不不不，雖然都是講中文，但同文不同種，還是會因為習慣用詞不同而有誤解，所以來回溝通確認信件和訊息數量並不比跟外國人少喔！」看來已經不是語言問題，而是洽談海內外授權本身就是一個亟需雙方仔細溝通清楚的商業合作項目！

🐾 了解當地慣用詞語避免誤解

除了授權上的專有名詞之外，跟不同國家合作也要熟悉當地的用語，比方說，我們說「通路」，中國說「渠道」；我們說「紅包袋」，香港說「利是封」……必須接地氣搞懂對方所說的東西之後，才能避免雞同鴨講，讓洽談更有效率。

圖像授權就跟貓咪一樣， "

早已不知不覺中融化在你心裡！

"

〈咖總監金句

CHAPTER
06

可愛商品，
開發過程不可愛
──開發角色周邊商品請注意！

幫角色們找個好親家

今天是公司拜地基主的日子，準備好便當和零食飲料，全體員工到齊。我和咖總監也來到供桌旁走走繞繞，看大家閉上眼睛誠心祈求能接到想要的合作案，我腦中閃過上次召開插畫家會議的時候，大家七嘴八舌說著心目中想做的角色商品的畫面。這不就像在跟老天爺許願，讓所有角色周邊商品都能實現一樣嗎？

我回想起那天商品開發會議上，插畫家們先提了筆記本、紅包袋、手機殼、抱枕、撲克牌、御守、泡棉貼紙、角色造型袋、雙層杯、襪子、公仔、桌遊……（還沒完喔？）最後微疼甚至異想天開提議做微不幸專屬好運籤筒！我聽到瞠目結舌，這下真是不問則已，一問就停不下來！大夥的創意源源不絕，如果全都開發，龐大的製作費不知需要多少？有倉儲空間嗎？想到這裡我突然一陣頭暈，又想吐毛球了。

我找來負責商品開發的同事蕊內，丟了難題給她：一、要節省周邊商品的開發成本；二、要滿足插畫家想開發商品和粉絲想買的到商品的期待。

蕊內想了一下，拿出一張名片。「噗總裁，前陣子我去上授權相關課程，其中一位講師就是知名的商品授權代理商。不如我們嘗試與他們聯繫看看，如果插畫圖像可以直接授權給優質的代理商去監製及銷售，並且擁有網路、實體通路可以販售，所產生的營收還能拆潤，這樣就解決我們以上兩個問題了！」我瞄了一眼名片，心裡不禁讚賞，蕊內不愧是公司內授權和商品開發領域的資深主管，腦筋動真快，看樣子可以幫角色們來找個好的代理商了。

🐾 好的商品代理商可為角色品牌大加分

插畫角色 IP 越來越有知名度後，經常會收到各種商品廠商或平台的合作邀約。這時不能興奮過頭就草率答應，經紀人團隊往往會冷靜評估慎選每個合作親家（被授權商），要安心把旗下的角色孩子交給別人製作商品，可不是賺多少授權金那麼簡單，需要考量的是辛苦養成一個角色 IP 品牌不容易，走到商品端是否還能一如往常維持優質形象而不會前功盡棄。

以下有幾個觀察能初步了解商品授權代理商是否適合自己：

1. 看看商品代理商過去拿過哪些海內外角色授權？
2. 這家代理商是否曾有不良的商業評價紀錄？
3. 代理商曾開發過的商品品質如何？
4. 代理商的銷售通路資源有哪些？網路、實體通路有哪些？
5. 保證金及授權金的拆潤比例是否合理？

強強聯手的必要性

蕊內似乎看出我眼底的讚賞和沒說出的疑慮，於是接著說：「前陣子我和凱特拜訪過商品代理商了，整家公司擺設他們開發的商品，有日本膾炙人口的角色商品，還有台灣 IP 的驕傲——霹靂布袋戲的周

邊，我們大致上就安了一半的心，而且後來也知道對方願意和我們合作的原因……」

　　喔？我豎起耳朵，這倒是引起了我的興趣。蕊內說：「一家好的商品代理商，通常擁有自家獨特製作商品的工廠資源和技術，相對也有販售商品的實體通路和網路商城，以上兩點正是目前我們所欠缺的部分。而我們擁有的是多種風格的插畫角色圖像，因此有能力針對商品類型、適合的族群提供符合需求的角色圖像，還有角色們自媒體的粉絲號召力，這些銷售商品的必要條件，卻是他們缺乏的。」我點頭表示認同，商品代理商付出有形的製作開發費，我們付出無形的創意設計和行銷宣傳，事實上，雙方都貢獻了對等的價值呀！

　　仔細想想，開發商品的花費不是只有檯面上所見的製作費、設計費及授權金而已，像是與廠商往返的溝通會議、商品打樣反覆確認修改、商品上市後的行銷宣傳等等執行和協調工作，這些都是經常被忽略卻也決定了合作是否成功的關鍵——溝通成本！如果少了這些步驟和努力，即便有再好的設計或開發技術也無法促成一個熱賣的好商品誕生。

做聯名商品就像談各種戀愛

　　如果說找商品代理商是幫角色找親家，那品牌聯名的心情大概就像是談戀愛和步入禮堂。你說我貓嘴在唬爛？這絕對是我噗總裁當過很多次「媒人」的親身經歷！

🐾 熟知自我優勢和其他強者聯手

台灣很多創作者一開始都是一個人或小團隊，從繪製設計到開發商品、前進市集銷售都自己包辦。習慣這樣模式後通常會建立出「我可以自己來，不假他人之手」的自信想法，但是當品牌知名度建立起來且市場規模變大後，就會發現自己的時間和能力很有限，這時就無法再抱持個人就能搞定的心態。或許應該試著思考專注在自己最有價值的核心能力上，其他部分就找不同領域的強者、團隊及廠商合作。

不要覺得把錢分別人賺就是吃虧（不諱言，有不少創作者仍抱持這樣的想法），其實與專業一起合作，才能拓展更大的市場。長遠來看，所帶出的經濟價值和效益可能遠乎預期唷！

剛好同事阿曼達現正擔任新手媒人角色，她手上有個處於「交朋友」階段的 A 品牌合作案。咳咳……讓就我這個見多識廣、把妹無數的總裁來教教小妮子如何幫人談戀愛吧。

首先，先用心觀察鎖定的對象！可以多聊天進行身家背景調查（了解品牌特色和風格），知道對方的喜好類型後，再推薦身邊優質的單身對象給對方（推薦適合品牌調性或產品特色的插畫角色），這樣才有機會促成一段良緣（成功媒合聯名企業和角色）。

「噗總裁，救我！A 品牌好像心裡喜歡毛毛蟲插畫的療癒類型，

但是又突發奇想想嘗試看看無厘頭的老闆這魚,怎麼辦啦?」呵呵呵,我忍不住笑出聲,看來阿曼達這次遇到有點花心型的情人了。

再回頭看看四月,她協助畫圖中,忙得焦頭爛額,喔,原來是在處理已經進入「談戀愛」階段的 B 品牌聯名合作。客戶已經決定合作

聯名的插畫角色,也進展到商品設計有雛型的第二階段,但距離到成品還有段距離。這等於是雙方正處於討論籌備婚禮狀態,兩邊都既期待又怕受傷害,尤其是兩家長輩意見特別多又分歧,因此需要一個中間人做協調,攤開所有需求和原則協助雙方溝通及取捨。

此時四月突然翻了一個大白眼,「噢~」的哀嚎一聲後說:「B 品牌上次才說要把角色的微笑表情改成露齒大笑,這次上層主管又說還是改回之前的好。我到底要怎麼協助插畫家改圖?」欸,四月小妞遇到的是反覆無常型的情人啊。

再來看看蕊內這邊的狀況。嗯嗯,滿順利的!已經到「見雙方父母」階段的 C 品牌聯名合作,商品大致完成,卻開始出現各種不同的

聲音和額外的新需求，例如：原來設計的商品的視覺圖要延伸到 DM
和公車車體廣告上；原本談好只設計馬克杯，現在要追加做杯墊……
「噗總裁，我跟 C 品牌窗口解釋過好多次，角色版權還是屬於插畫家，
就算是雙方結婚也不是賣女兒，哪能一次合作收費就把角色賣斷？但
窗口說長官很喜歡這張圖，怕被其他品牌拿去用，堅持要買斷啦！」
呃……蕊內遇到的是愛到骨子裡、有理說不清型的高占有慾情人了。
這只好待會派出律師來說明了。

　　最後巡視到凱特這邊，終於有不用擔心的一段良緣，已經走到「共
結連理」的 D 品牌聯名合作。從聯名商品到各式廣告文宣，全部都製

作完成，馬上就要開始緊鑼密鼓的宣傳，昭告天下品牌商和角色一起聯手出擊的事！

　　凱特喜孜孜的說：「恭喜噗總裁，我們又再次順順利利幫角色辦完一樁喜事了！」說到這，你還敢說我貓嘴很會唬爛嗎？品牌聯名合作不就是戀愛結婚的過程？ Anyway ～太開心了，準備晚上來開肉罐和咖總監「採罐」慶祝！哈哈哈！

🐾 遇到不同類型廠商情人怎麼辦？

1. 花心型廠商：廠商想要安全的選擇，又想嘗試沒合作過的新角色。

噗總裁建議：有時當眼前選擇太多，人會產生「心口不一」的選擇盲點，就像有的男生嘴巴說最欣賞氣質美女，眼睛卻緊盯著路上超短裙辣妹看（攤手）。因此為了確認廠商最終喜好類型，別急著因應廠商提出的需求就胡亂湊方案提案和報價，不如花點時間溝通，也協助廠商找到最後真愛（最喜歡也最適合的插畫角色）。

2. 反覆無常型廠商：對於細節無法決定，或是公司組織龐大溝通困難，層層審核中無法取得共識，一直需要作者調整修改的客戶廠商。

咖總監建議：先息怒，別氣別氣……如果你已經遇到這種狀況，不需要在臉書或 IG 上咆哮發洩，深吸口氣我們來同理一下。如果

客戶是大企業，一定會有上下多層溝通的問題，加上現在窗口都是創意十足、接受度高的年輕企劃，往往審核決定權是掌握在較年長資深的高階主管手上，會因應美感或接受度不同，發生下面審過上面駁回，或改了一輪又改回最初版的窘況發生。既然我們無法直接與對方的主管溝通，至少可以做好事前預防及心理建設，例如花更多時間心力和窗口討論與協議，請他協助詳細調查內部需求，其中包含主管對合作的期待等等情報，盡可能收集更多資訊後再與插畫家溝通，多少可預防重複改圖、插畫家叫苦連天的狀況發生！

3. 高佔有慾型廠商：以「過去勞務酬庸關係」合作思維來看待「新圖像授權」合作型態的傳產或客戶，很容易提出把圖買斷或著作人格權轉讓的要求。

噗總裁建議：這是很多創作者都會遇到的狀況，但一樣可以發揮同理心去思考：廠商難道真的是想買斷圖嗎？他買這角色還是圖像要幹嘛？如果能進一步詢問了解這個不太合理要求背後的原因和初衷，或許就可以平和冷靜的幫客戶解決用圖的疑慮，根本不需要雙方為了角色賣斷與否爭得面紅耳赤囉！

帥氣律師出場補充：有時候品牌會希望能一直使用聯名合作的角色圖像，或不希望競爭品牌也能用這張圖像，就會發生提出買斷的合約要求，但我們所談的聯名角色圖像著作權及商標，都是屬於作者擁有，因此無論是經紀公司或作者本人都無法簽署賣斷合約。況且一旦簽了賣斷合約，即會造成日後插畫家自己在創作使

用自己角色時，反而產生侵權的烏龍狀況。通常我們會建議採取「獨家授權」的方式簽署，也就是這張圖只有該品牌及插畫家能使用，不會再授權給第三人，這樣就能保障作者，又能解決客戶用途的疑慮。

開發商品前請先冷靜三秒

　　不管是商品代理商親家，還是品牌聯名情人，在合作出商品之後，還是很難完全滿足每個創作者內心尚未實現的夢幻逸品，這也是我經常和咖總監一起相互理毛時的苦惱話題。

　　這天我又想起插畫家會議大家熱烈許願的場景，於是把負責商品開發的蕊內和四月找來，決定告訴他們我的偉大計畫——我們也來開發夢幻逸品吧！

　　我把一長串的商品清單和商品圖片攤在桌上，得意的揚起下巴（驕傲貌）。蕊內首先發問：「噗總裁，請問這些商品是都要開發製作嗎？但這份清單裡有些品項製作數量太少，成本單價會很高，定價如果太高就沒人想買，製作數量太多又要擔心賣不完，或放太久不能賣。有些品項還有最少起訂量的限制，如果要做的角色太少、數量不足，恐怕想做也沒辦法做……」在蕊內一段落落長的分析中，我好像不小心恍神了幾秒。我偷瞄一眼咖總監，想不到這傢伙竟然睡著了，而且還

臥倒在四月準備開會的筆記本上！

　　蕊內不改務實本性，把開發商品可能產生的問題、結果及囤貨風險據實以報。我想起常來公司酒敘的米粒大叔團隊，不也正在如火如荼製作新角色「米犬日常」的周邊商品嗎？商品的龐大開發費、上架通路、銷貨狀況都讓團隊煩惱不已；如果商品賣太好、貨來不及出給客人也令人苦惱；商品賣不好囤在倉庫也是大困擾。想不到開發商品不只要有足夠銀彈、倉儲空間，還要有一顆強壯的心臟啊！

🐾 開發不難，保存可能才是大問題

　　我們所提的案例並非是要勸退大家，如果你的角色商品買氣反應不錯，也有洽談好後續銷售點、通路平台，那就可以放心開發並進行推廣銷售。但是面對比較沒有製作商品經驗，也無法一次完售的創作者。以下給予一點商品開發經驗談及小叮嚀：

1. 在設計長賣款商品時，建議在不影響創意繪製下，盡量減少太具時效性的元素圖象，像是年份、生肖之類的，除非本來就是針對節慶設計的商品。

2. 用色部分可以考慮避免大面積的白色或淺色，尤其布料、紙類存放不好，就會產生受潮泛黃的狀況，導致新品還沒賣出看起來就像舊品一樣。

3. 挑選材質要注意，如果不是熱銷品，盡可能就別選容易受潮變形的材質。好保存不變質的材質能讓商品延長銷售壽命，多賣幾年都沒問題。

好商品能帶角色上天堂，　　”

劣質商品也可能拖著角色衝入地獄！

“

🐾 噗總裁金句

CHAPTER

07

參展跟你想的不一樣

——關於海內外授權展那檔事

出去見見世面吧！

　　這兩年每逢在國外參加國際授權展時，遇到同業總會被開玩笑說：「噗總裁，你們公司很賺錢呢，每年都參加海外授權展！」我聽到也只能苦笑點頭。該怎麼說海外參展這事呢？看來得從經紀團隊成員和簽約插畫家才小貓兩三隻那時開始說起……

　　經紀業務發展到第二年，我們在國內也算做出了一點成績和口碑，旗下三名元老級資深插畫家，毛哥（毛毛蟲）、8 元哥、熊哥（熊秋葵），終於對這間菜鳥經紀公司有點放心了。但國內業務逐漸上軌道時，有一天凱特的電腦彈出插畫一哥毛哥的訊息：「有插畫家到海外參加授權展，那我們的角色也可以嗎？」

　　期待成為插畫家夢想實現機的經紀人元老一號凱特，此時就像被雷劈到一樣臉色慘白，喃喃自語：「對啊……為什麼別人可以？但該怎麼做才能把角色帶到海外參展？」而經紀人元老二號蕊內一樣皺著眉頭苦惱……

　　「兩位，現在雖然公司經驗還不足，但是我們的初衷就是希望把自己國家的角色 IP 推廣到海外，讓國際看到台灣優良的角色和創作，所以我們不能安於現況，也該挑戰走出去看看！」我激動憤慨的發表毛毛蟲文創的初衷思想和目標，故作鎮定堅強的鼓勵經紀人們，但其實內心也是萬分惶恐，畢竟菜鳥文創公司連怎麼前進海外一點門道都還沒有呢……

　　「啊！我看到了！查到管道了！」凱特尖叫跳起，開心的對著蕊

內說。她指著文化部海外授權展徵件報名的網頁，但定睛一看，截止報名日期就在 7 天後，需要送審準備的計畫書和文件資料超繁複，光準備資料就不知道是否來得及，況且還在密密麻麻的文字中，看到一個陌生的名詞「Guide book 概要書」。

「凱特，你會做那個什麼角色概要書嗎？」蕊內滿臉問號。

「喔⋯⋯那是什麼東西啊？」凱特也歪頭反問蕊內。

「不然我們還是準備看看吧，如果沒被選上也沒關係，就當摸過報名表有了準備的經驗也好！」蕊內總會散發溫柔的力量，支持著噗總裁和凱特每次的衝動想法。

「咳咳⋯⋯兩位，我們也要告訴插畫家我們的想法，看看是否能一起設計和準備資料，如果今年放棄就得等明年才有機會了。審核過最快也要到後年才能出國參展，這中間一等就是兩年。與其空等兩年，不如賭一把 7 天後的送審吧！」我悠悠的說著。

在插畫家群組中發布這想法時，幾乎插畫家們都異口同聲喊出：

「不可能！」大家認為無法在那麼短時間內把所有資料和那個什麼概要書的備齊。整個下午群組討論熱烈，眼看大家都想放棄最後報名機會，凱特的表情有些落寞。

就在凱特和蕊內收拾桌面準備下班回家時，電腦訊息又跳出新的留言。熊秋葵突然找了幾個概要書範例丟到群組，開始與其他插畫家討論如何製作自己的角色概要書。這時凱特的眼眶泛紅，我知道，此刻我們沒有一個人願意放棄！

隔天起，大夥開始忙碌分頭準備報名文件。身為總裁的我和咖總監準備最繁瑣也討人厭的公司登記等商業文件，蕊內打去協辦單位詢問參展細節以確實填寫報名表，凱特著手準備不同角色海外推廣計畫書和簡報，最後插畫家們針對自己的角色準備設計概要書，並交給蕊內後再翻譯製作成英文、日文版。有驚無險的，我們趕在截止最後一刻，一大箱資料送達完成報名。邁出最困難的第一步後，大夥總算暫時鬆口氣了。

你好，我是文創經紀人，喵～

接下來，收到令人雀躍的消息回傳。文化部的公告上顯示在書面審查和面試後，我們成功拿到隔年的香港國際授權展、日本東京國際授權展的門票！大家歡欣鼓舞的尖叫，並開始一連串的特訓及海外授權展準備。

　　「哈哈哈，真的很難忘！當時連概要書是什麼都不知道的一群傻蛋，就決定報名海外參展，卻意外以不錯的成績名次入選，還讓我們真的趕上隔年的香港國際授權展！」多年後，每次凱特提及第一次海外參展經驗都會忍不住自我調侃，其實那個當下，所有人無不神經緊繃、抱著既期待又怕受傷害的心情，挑戰第一次踏出海外。

跟著文化部一起前進國際授權展

　　臺灣外貿協會與文化部對於推廣企業廠商發展海外市場都有許多補助及協助。想要自己前往海外參展，可以透過外貿協會的協助購買攤位，但針對非組織或公司的個人創作者，建議可以先關注文化部的 FreshTaiwan 計畫，在海外展會以臺灣館形象進行推廣，推薦較沒有參展授權經驗及荷包有限的創作者優先考量。

1. 隨時關注臺灣文化部海外參展的徵件資訊及時間。
2. 個人或團體公司報名的基本資料最好提早準備完整。
3. 準備角色插畫的 Guide book 概要書、圖庫。
4. 準備第二關向評委介紹角色的五分鐘簡報。
5. 參加文化部開設相關的授權知識 workshop 學習及演練。
6. 準備參展時發送的中文、英文、日文版角色 DM 說明資料，並安排好現場翻譯人員。
7. 將帶往海外的展品裝箱、大型人偶海運等運送問題優先處理好。
8. 抱著見習求進步的心情，勇敢踏向國際展會宣傳自己的角色吧！

「終於走到這一步，明天就要進入香港授權展首日了！」凱特一邊在香港的飯店整理參展資料，一邊興奮的跟蕊內說。

「不知道毛毛蟲和微疼兩位上飛機了嗎？明天記者會上可是要露臉、接受採訪呢！」蕊內忽然有股不安的第六感。果然接到一通電話後，剛剛短暫的愜意安心都消失殆盡，風雲變色一般的黑暗即將籠罩整個房間。

微疼來了電話：「經紀人求救！我沒有搭上飛機，毛哥已經先上飛機了。我的簽證上生日打錯，航警不讓我登機，現在週日，香港政府部門休息，無法更正我的資料，怎麼辦？」

當時微疼興高采烈要前往香港參展前，在機場候機時開心打卡昭告天下，殊不知下一刻卻眼睜睜看著同行的毛毛蟲順利託運完行李，回頭揮揮手的入關，而他卻被航警擋下。

天啊！真是晴天霹靂，角色故事微不幸但本人人生也微不幸的微疼啊，你可真是正常發揮無誤。打錯自己生日的烏龍又碰上週日香港休假無法修正這種事情，還真是只有你可以解鎖的成就。

本總裁揉著太陽穴告訴自己要冷靜、冷靜，再冷靜，想想看有什麼方法能讓微疼成功登機？

當然故事結局是隔天微疼順利出現在香港授權展上接受媒體採訪，但前一晚可是晚間十點才成功抵達，期間六、七個小時，微疼以神農嘗百草精神，實驗各種管道方式才真正解決香港簽證問題，而這段奇遇經歷，微疼也畫在他的微不幸劇場漫畫中，有興趣大家可以去網路上找來看！

海內外參展大小事

因為有了第一次和第二次海外參展經驗，我和咖總監也樂見同事們越來越專業，因此正式將蕊內任命為負責海內外授權展的主管，並且培訓後來新進的經紀人。

走到今日，我們公司也總算有系統化的資料庫可供新一批經紀人學習了，而這些可是一路跌跌撞撞、從實戰經驗中累積出的寶貴經驗。而我和咖總監這幾年更安逸的肥了兩公斤，肚子的肥肉更顯總裁體態，也可算是另類的幸福肥嗎？

今天是蕊內對同事的策展分享課，要準備迎戰第三年香港授權展和緊接著的國內臺灣文博會。蕊內架式十足的開始進行說明及派工。

聽著她分享這幾年在海內外展會中發生的趣事還有驚險事件，大夥真的是笑中帶淚、淚中帶笑啊。

◉ 蕊內的叮嚀一：展品不要集中放在同一個行李箱

　　展品不要集中在同一個行李箱。為了以防萬一，布展用的展品最好能分散在各個行李箱中，當其中一個行李箱不見時，還有其他展品可以運用。如果要全部塞在一箱裡，行李箱鑰匙最好多準備一支，分給另一人做為備用，以備不時之需。

　　今年初同事們出發到了香港授權展布展時，我睜著眼睛等待LINE群組報平安的訊息，突然咖總監發出尖叫聲大喊：「出包了！凱特那箱裝有公司資料的行李箱，忘記帶行李箱鑰匙啦！」我心頭一驚，但仍不動聲色想看看大夥的危機處理能力如何？

「報告總裁，還好還好！我們找到當地鎖匠終於在半夜時分撬開箱子，可以安心準備明天布展！」蕊內開心的回報。

Good Job ！我默默在心中鬆了一口氣。

⊙ 蕊內的叮嚀二：場勘需要想像力和立體感

現場場勘時，通常都是一片空曠，沒有任何支架，所以需要策展人擁有絕佳想像力和空間感，在腦內先建構出想像的攤位樣貌，並思考所有出入動線和走道規劃是否符合人性直覺及人流順暢。策展空間也會依場地規定不同，對高度、寬度有基本概念後，再思考是否能架燈、投影機等器材高度等等的規劃，待資料蒐集及綜合評估後再設計展覽空間 3D 圖，這樣最後實際的攤位才會如預期一樣完美。

從香港授權展回來後，緊接著要投入臺灣文博會的籌備。咖總監曾經問我：「我們一定要這麼緊鑼密鼓的燒錢參加國內外展覽嗎？把這些時間拿來多做些有收入的合作，公司多賺一點點錢不更好嗎？」

嘖，我用力巴了一下咖總監的頭。身為背負著扶植培養角色使命的文創公司，眼光要放得長遠，雖然公司有賺錢才能營運下去，但怎麼能目光如豆、短視近利呢？在目前公司營運沒有問題的狀況下，努力把角色推上不同舞台，才是公司的重要任務！所以在尚有餘力之際，不只出席國際授權展，我們的主場——臺灣的文博會，也要好好規劃準備才行！

正當我滔滔不絕開釋咖總監時，傳來一聲長長嘆息聲。我瞄了一

眼3點鐘方向的同事蕊內，看到她盯著電腦螢幕皺眉頭，整張臉像是剛吃下一箱苦瓜，想必是為了文博會的策劃在傷腦筋。我走到蕊內座位旁，看了看螢幕上的攤位設計圖和廠商報價單。

「蕊內，這還不簡單，你請廠商把插畫家畫好的圖輸出之後貼一貼不就結了，應該不難吧？」我胸有成竹的給予建議。話還沒講完，馬上被旁邊的彼得回嗆：「總裁，事情沒這麼簡單，攤位的實際大小要事先場勘，再和平面圖上的尺寸一一對照，標示清楚方位，最後請插畫家畫出符合比例的設計圖稿，不然圖一放大，線條全都變鋸齒狀，角色方向、位置全都搞錯，這展覽能看嗎？」原來如此，我這個只管大事不懂細節執行的總裁也不得不點頭認同，尷尬的低頭理理毛，假裝沒事慢慢以小碎貓步飄走，無顏繼續安慰還是苦瓜臉的蕊內了。

⊙ 蕊內的叮嚀三：多準備幾個取代備案以節省經費

通常小公司或個人創作者要參展，在預算有限下又要達到理想效果時，除了自己本身可以多學習累積相關布展材質的常識，也多了解市價行情好進行評估比價外，或是請合作廠商幫忙提供替代方案，例如：背景底色從大圖輸出換成貼壁紙，就能省下一筆不小的輸出費；角色裁型一般是用才數計價，不是個數計價，單隻面積小反而會比好幾隻合起來便宜。但前提是平常得和廠商保持好關係，人家才會願意幫你唷！

每年公司最花錢內耗的成本就是在參展及策展上。為了平衡一間公司的收支比例，身為總裁的我壓力總大到喘不過氣，也常耳提面命同事必須把錢花在刀口上，經常捉襟見肘的在報價單上來回糾結，期望不影響結果能以其他方案節省下更多經費，也不時在內部報價會議上演廝殺戰……

看著廠商報價單，我提出這不就釘釘木板、大圖輸出印刷的費用而已，有什麼好頭痛？一回頭，蕊內面露凶光，冷冷的回說：「噗總裁有所不知！木板貼皮要錢，輸出圖貼得越滿越貴，角色加厚裁型再加錢，這次展覽還多了互動遊戲和角色影片播放，除了電視、主機、音響控台之外，投影機架設需要多架 truss（輕鋼架），插座和電力都要增加，這些器材全部都要錢啊啊啊啊～」

呃，預算規劃就這麼多，我只能假裝沒聽到蕊內的哀號，用同情卻堅定無法讓步的眼神暗示她：「加油！繼續跟廠商討論或採用其他

方案，完成任務後再光榮歸來吧！」

⊙ 蕊內的叮嚀四：善用展覽會場現有資源省錢

　　展覽的前置作業已經砸了一大筆錢，如果還要租借倉庫擺放周邊商品的補貨、幾場粉絲見面會才偶爾用到的桌椅，真的很容易讓預算超支。這時候建議多聞、多問，看看大會服務台是不是有空間能暫時借放？是否有多的桌椅等免費資源能暫時借用？

　　還要懂得禮尚往來，多釋放善意或利用自己的攤位協助主辦或協辦單位進行宣傳等等，做些資源交換。

別忘了嘴巴甜一點，出手大方點！

勇敢走出去，
才能認清自己的偉大與渺小。

噗總裁金句

CHAPTER
08

冷眼旁觀的貓式管理學
—— 權力下放式的管理法

「真的不行了⋯⋯我們一定要找人來幫忙！」咖總監累到趴在貓沙上哀號。

我想起之前咖總監第一次苦苦向我哀求新增人力的那段往事。那兩年簽約合作的插畫角色品牌變多，整體工作業務量也變大，本來只有我和咖總監就能應付的狀況幾乎完全失控，就算我們兩貓和員工們一起不眠不休，還是無法搞定所有專案會議和兼顧好執行細節，甚至幾次因為太疲憊導致粗心，差點釀成大禍！看樣子是時候要應徵新血進來了。

當時對外刊登徵人廣告後，收到不少投遞來的履歷書，其中有份履歷特別吸引我和咖總監目光，經過幾輪面試和關關篩選後，充滿青春活力的美少女阿曼達加入團隊！

咖總監說：「剛介紹完公司旗下所有經營的插畫角色，你都有記下角色的特色嗎？千萬別忘記身為一名經紀人最主要的責任是什麼。」

阿曼達說：「嗯嗯，咖總監，我通通有筆記下來，我也會好好熟記！但您剛剛說經紀人不能只是當插畫家和客戶的傳聲筒，而是要學會思考和判斷。這點我還不是很明白，但我會努力去理解！」

看著經紀人的內訓課程一一展開，懶洋洋躺在一旁的我，默默在心裡許願能再培養出具有品德又專業的經紀人。我始終相信專業技能可以透過學習獲得，但人格特質卻是天生的。

曾經在管理大師彼得・杜拉克書中看過一句話：「經理人有項特質是學不來，也無法由後天培養，這是與生俱來的。它不是才能，而是品格。」這句話深深烙印在我心底，並成了後來對自己及挑選文創

經紀人時的期許。

哭了嗎？恭喜你成為經紀人

　　每天早上都看到阿曼達神采奕奕、蹦蹦跳跳進公司，然後準備我和咖總監專屬的總裁早餐和水，再到廁所仔細打掃，把我的御用貓砂盆清理得乾乾淨淨……果然是個充滿幹勁的年輕人啊！講到這點可說是見微知著，我從每天清完的貓砂平整到像是用尺量過一樣，就發現這小妮子對貓砂有莫名的水平癖……呃，不是，我是說她對做每件事都很堅持完美啦。

　　學習力很強的阿曼達很快上手。凱特是公司最資深的經紀主管，負責培訓新經紀人的責任就落在她頭上，就像師父帶徒弟一樣，她開始帶著阿曼達進行各種合作案。

　　三個月下來，阿曼達作為一名新手經紀人開始有模有樣，與插畫家在溝通上也很順暢，大家似乎都很喜歡這位有禮貌又做事有條理的新經紀人加入。果然沒看走眼！我不禁沾沾自喜自己找對人了！

　　「嗯……我知道，我會跟公司討論看看。」阿曼達垮著一張臉掛上電話，今天辦公室氣氛有些不太對勁，看來是遇到問題了。

　　凱特一如往常專注著打電腦，看起來沒有特別發現或想詢問她的小徒弟發生什麼事。咖總監一臉擔心的趴在阿曼達旁邊，用眼神示意我是不是該上前關心一下。我打了個超大哈欠，表示：「本總裁不管這事！」轉身打算睡午覺去。

過了下班時間，吧台的燈還亮著。我好奇走過去，發現阿曼達和凱特正端坐在吧台，兩個人都表情凝重。我默默在柱子後方觀察（順便偷聽）她們的對話。

　　阿曼達說：「當時插畫家跟我說，這樣辦活動成效會比較好，加上我剛來，所以覺得插畫家應該比較有經驗，才會把想法原封不動提給客戶，沒想到竟然發生反效果。我很想趕緊向客戶解釋並做補救，但沒想到窗口竟然拒絕和我溝通。我覺得很自責也很受傷……」憋了一天的情緒終於此刻潰堤，阿曼達豆大的淚珠開始一粒粒落在吧台上。

　　凱特默默聽完整件事情原委，看著眼前一向陽光開朗的阿曼達哭成淚人兒，有種想上前安慰卻又沉默不語的複雜表情。過了一會，她開口問：「現在哭一哭有好點了嗎？」阿曼達擤擤鼻涕，低著頭點了點。

　　凱特說：「你還記得剛上班時，咖總監有說過，經紀人不是插畫家和客戶的傳聲筒，要懂得思考和判斷嗎？我們現在把整個事件重新想過一遍，你有發現問題點在哪裡了嗎？」

　　阿曼達猛然抬起頭，睜大紅腫的雙眼，像被當頭棒喝一般搶著說：「我好像有點明白了。因為覺得自己還是菜鳥加上公司很尊重插畫家，所以我沒有去懷疑插畫家建議的作法有沒有問題，於是不假思索就把想法提案給客戶，客戶基於過去和公司的合作經驗良好，相信我們給的都是專業建議也沒反對，但是沒想到成效不如以往，難怪窗口會那麼生氣……」

　　凱特露出了滿意的微笑，也安慰輕拍阿曼達的肩膀說：「沒錯，你發現問題點了。首先因為你沒有多思考而誤信資訊，再來是遺漏向前

輩或主管確認可行性，才會導致事件發生。那你現在需要我出面和客戶溝通，幫這專案收尾嗎？」

這時阿曼達已漸漸平復心情，又恢復平日不認輸的堅毅眼神。她說：「凱特，謝謝你，但是我想對自己的專案負責到底。我明天去向客戶道歉及溝通，也會努力把這次失誤補救回來，不會讓客戶對公司失去信心！」瞬間恢復戰鬥力的阿曼達跳下高腳椅，抱著筆電衝回位子開始著手尋找補救方案。

好傢伙！不愧是我萬中選一的人才，雖然還是菜鳥又讓專案出包，但果然具備一名經紀人該有的堅強心理素質，不會那麼玻璃心！

我躲在暗處不禁偷偷為阿曼達鼓掌加油，雖然還是有點介意案子出包，但也幸好不是無法挽救的大災難。

這是阿曼達第一次在公司落淚的日子，凱特還在桌曆的日期上用紅筆圈了起來。我和咖總監一起慵懶躺回總裁椅上、蹺著二郎腿舉罐慶祝。恭賀公司又有一名經紀人誕生！

一向晚下班的凱特不知哪時已默默靠了過來，也一起舉起馬克杯乾杯。「不知哪來的潛規則，沒有哭過或重挫過一次，就不算拿到經紀人的入場券啊！」凱特一臉過來人的感嘆模樣。

咖總監趕緊說：「對啊！我記得你當年不也和今天阿曼達一樣，那張欲哭無淚的臉更難看咧……哈哈哈！」

凱特說：「啊，不要再提那麼久以前的事情，太丟臉了！好啦，我去旁邊先打電話給客戶，免得明天窗口還是不給阿曼達好臉色……兩位主子保密喔，噓——」

回想起剛開始拿到經紀人入場卷的阿曼達，每天都神采奕奕的進公司，

1

平一

2

學習力很強的阿曼達很快就熟悉一切

跟著我來!!

最強弟子

3

直到某天，阿曼達異於平常

4

🐾 從挫折中挖掘出寶物

· ·

　　每位成功資深幹練的專業經理人無不身經百戰，也都是從一次次失敗和挫折中磨練出實力。而對自身職務有最難忘、最深刻體悟的時刻，往往是在重大挫折後帶來的內心衝擊及震撼教育。

　　成功經驗會讓人充滿自信，但失敗經驗卻可帶來更多幫助突破現況、能力升級加速的寶物。如果把每次的挫折都視為導師，從失敗中好好學習，必能增強自己的戰鬥值！

5

6

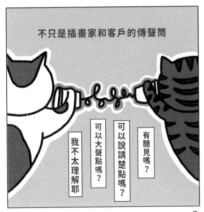

7

8

貓式放生管理學

　　雖然一間小文創公司中小貓沒兩三隻，但是領導和管理方式也算一門讓人頭痛的學問。

　　像我這般帥氣和肥美集一身的貓總裁，生性不受拘束，既不喜歡被人管，也不喜歡管人，所以自然形成獨特的貓式「放生管理學」！

不知情的人可能會認為我這主管都不管事，放任員工獨自面對問題，非常冷酷無情，但這樣才符合我們優良貓族的高冷孤傲、也會讓人上癮、又愛又恨的教練管理風格。不就是所謂「貓咪不冷、奴才不愛」啊？

今天辦公室中，大家議論紛紛，四月、蕊內還有彼得湊在一起交頭接耳討論著什麼，整張大會議桌上鋪滿了設計圖、商品打樣品，以及……翻肚四肢仰躺在商品中間的咖總監？呃，這是什麼詭異的貓體獻祭儀式？

四月說：「這個材質印上特殊色就很容易出錯，不小心就變成髒髒的不飽和色。」

蕊內說：「客戶就是特別想要開發這個商品項目，真傷腦筋……」

彼得說：「還是我來跟客戶直說，建議他們考慮看看換別的品項製作呢？」

此刻咖總監發現了我的身影，立即跳起來高聲疾呼：「噗總裁，您可以給我們一點裁示和指導嗎？」

「NO！你們自己看著辦！」斷然拒絕後，我立即豎起尾巴，轉身躺回我的總裁椅上悠哉看書。

這種小事需要總裁一起討論嗎？雖然想假裝漠不關心，但還是斜眼偷瞄會議室裡的動靜，不斷對自己內心喊話：「噗帥啊，要相信自己的員工，他們絕對比你想的還強！」

午餐後，我開始巡視公司，繞到彼得位子附近時，他埋首於電腦

前。等等！彼得在畫圖？現在經紀人流行轉職當插畫家了嗎？

心頭一驚的我又倒退回去看，嗯……他畫的像是一台線條簡單、隔壁美術才藝教室小學生畫的公車。慘了，我是不是該收回上午的信心，專案壓力已經逼瘋經紀人了，才一個中午就讓他退化到小學生的心智！（哭）

「喔耶！我畫好了！四月，你看看這樣可以嗎？」彼得站起來歡呼他完成了「鉅作」，我幾乎忍不住要上前揮舞貓拳，看能否一拳巴醒彼得可憐又渾沌的小腦袋。

這時四月笑著說：「呵呵，這張刀模看起來有模有樣的，既然工廠沒做過也沒有刀模提供，那我們就自己畫吧！」

喔，原來那張看起來線條簡單的圖是刀模圖。太好了，我們彼得不僅腦殼沒問題，而且還有畫刀模的隱藏技能呢！為什麼面試時都沒講呢？（喜極而泣）

彼得說：「這次和廠商聯名商品中有預算考量，所以品項能選的不多。上午打樣回來的商品發現材質會影響顏色表現，我們不能隨便把有印刷風險的商品推給客戶，所以我將狀況如實反應給客戶後，同時提了幾個商品提案讓對方選。其中這個『公車造型 DIY 收納紙盒』，客戶覺得很棒，但是開發廠商沒做過，所以我和四月討論後，決定自己試畫刀模，也把我大學四年文創學系兼學生會會長，以及擔任籃球社社長的能力發揮出來！」講完後換來大家如雷的掌聲，BRAVO！（不知哪邊怪怪的……這些跟刀模設計有什麼關係？）

我始終相信需求會激發人類潛能，但動機和需求並不是別人所給

予的任務，非得是發自於自己內心強烈的期盼才會轉化成行動力。我們貓族有著超強的求生意識，本能會驅使自己訓練出各種捕獲獵物、跳高、柔軟等技能，唯有提高自我要求和強烈的企圖心，才會讓人貓更加茁壯。

貓教練的放生說

管理這間文創公司，我採用的是貓界的放生式管理學，但並非從頭到尾都不管，而是循序漸進式的引導，再把權力下放給每個人獨立求生。

一開始就像是陪伴嗷嗷待哺的奶貓長大，成長到可獨立捕獵後就勇敢放生，不再亦步亦趨像個不放心孩子的父母，要放又放不開。嗯～光想到本貓要像個老媽子跟前跟後，看顧著員工一舉一動，就讓我的貓寒毛直豎。生物界中似乎也只有人類才會養出媽寶？（攤手）

貓話說的好：「與其給他罐罐吃，不如教他找到罐罐的能力。」每個人都將是決定自己成就的主宰者。在職場生涯的獵場中，也會訓練出每個人獨特擅長的技能，像是擅長吃的就不一定擅長跑、跳，咳咳……我是說像本貓一看就知道是屬於顏值擔當、用腦較多的高智慧物種。

當然也不是可以什麼都不管，而是在培養員工的獨立作業能力後，還要訓練自己得忍住不隨意插手干預同事作業，或者遇到難題不要忍不住跳出去幫忙。說起來，貓界放生管理學有點類似人類說的「教練

式管理」，根據每個人不同的狀況和需求給予不同的意見、反饋及引導，觸發創意思考後也能激發個人在專業領域上的潛能，並相信每個人都有能力面對任何挑戰並解決問題。

🐾 跟著噗總裁學貓式冷管理

. . . .

1. 背對、搖尾、裝不會：正在進行企劃討論或會議時別太急著下指導棋，讓同事多點創意思考和發表空間。

2. 斜眼偷喵、關心放心裡：對同事釋放出信任後就不再隨時追問專案中每個細節，從側面觀察及保持關注即可。

3. 關鍵時才使出貓拳：尊重及接受同事可用與自己不同、更好的作法去達成任務目標，唯有在被要求給予意見或危及公司利益、商譽等關鍵時刻才跳出來給予糾正。

4. 做得好時就舔舔手以示鼓勵：對於成功獨立達成任務的同事不吝給予表揚，也藉此激勵其他同儕跟大家一起追求個人及公司的更高成就！

感嘆遇不到好主管，
不如就當自己最好的教練吧！

🐾 噗總裁金句

咖總監

咖總監說

CHAPTER

09

各種吸貓的時刻

——無所不在的壓力來源

排山倒海而來的壓力們

「哎啊啊～～～～！」彼得又在鬼吼鬼叫著。

嘖嘖，才剛進辦公室就大呼小叫的想嚇死誰？才剛吃飽正在舔毛洗臉舒服著，只見彼得一臉慘白對電腦擺出一張死人臉，到底今天又有什麼爆點？

「咖總監你昨天交派的那個新專案，客戶一直雞蛋裡挑骨頭就算了，又突然說費用希望打折，再打下去都骨折了啦，還有最誇張的是臨時說明天要交圖！」彼得一看到我就滔滔不絕抒發起牢騷，沒辦法，我就是讓同事如此依賴。(攤手)

「挖咧！！！插畫家的動態打卡在國外，還沒給圖人已經飛走了，今天就是截稿期的死線啊」彼得才說到一半，就被一旁的專案經理阿曼達高亢的尖叫打斷，而且似乎聲音更加淒厲……

總是比較偏心喜歡美女的噗總裁，在聽到阿曼達的哀嚎後勉強睜開眼看一下現在什麼狀況？反應靈活、動作敏捷如我，當機立斷想拋棄彼得轉去阿曼達那邊時，立即被噗總裁用他肥貓手擋了下來：「咖咖，彼得交給你處理，阿曼達過來跟我說明細節就可以。」(怒瞪)

可惡，我比較想要和今天穿美美的阿曼達聊心事！搶輸噗總裁雖不甘心卻也觀察到噗總裁面對同事的各種疑難雜症、哭天搶地都依舊能處之泰然、保持冷靜的給予指點或建議，真不愧是總裁，看來我的道行尚淺，需要再磨練磨練！

而想到這時，肚子有點癢癢的……一回神發現彼得已經將整顆頭

埋進了我毛茸茸的肚子裡，深深吸了幾大口，享受本貓特有的療癒體味，再次抬起頭時，剛剛的愁眉苦臉已然恢復平常的神采飛揚，看著他轉身回去輕巧飛快地敲打鍵盤，聯繫客戶和插畫家，運用乾坤大挪移的技巧，調整專案前後時間順序也巧妙的解除危機。呵呵，這小子其實都知道怎麼做咩，但還是讓他偶爾抱怨發洩一下有益身心健康，現在可以安心的回窗邊曬太陽，補補剛剛被吸走的貓氣了。

🐾 抒壓 ≠ 抗壓性低

去練習找到最適合自己的抒壓方式，也許是離開現場去喝口茶、喝杯咖啡、聽首歌、翻翻雜誌或抱抱寵物、大口吸貓⋯⋯都是好方法。適時的抒發壓力，才能冷卻頭腦去思考如何解決難題。

∶ 你好，我是文創經紀人，喵～

內憂外患的挑戰

文創經紀人這工作並不像電影劇情中巨星的經紀人，擁有走路有風、頤指氣使的神氣，相反的是經常蓬頭垢面窩在電腦前處理專案中的大小事。說是經紀人，不如說更像專案經理人、插畫家背後最大的支持者。

「工作」本身就具備一定的壓力，更何況圖像授權和文創經紀產業，在臺灣也是近幾年才較為興起和被大眾所知，發展的歷程中也會遇到許多無法預料的狀況，像是絕大多數的人或企業主可能就對於授權兩字不了解而產生莫名的恐懼或認知誤解，又或者親朋好友對於經紀人的職稱擁有很大的誤解。因此經紀人在執行工作時同步也是在樹立企業和社會對圖像授權文創領域的基本認知。

客戶 A：「案子很趕，可以明天就畫好圖嗎？」

客戶 B：「這次合作的角色 LOGO 或插畫家簽名能不能別放？」

客戶 C：「插畫角色可改成草綠色嗎？這樣更有森林感。」

客戶 D：「授權費只要付一次就永久可以使用嗎？」

這些問題別說客戶可能不懂，連新進培訓的經紀人可能都不懂，公司每年都有請律師來幫文創經紀人及插畫家們上智財權基本法律課，但是客戶不一定有專家幫他們上課，因此經常面臨各式各樣的圖像使用和合作問題。在頭痛之餘，還得發揮高 EQ，耐心體諒客戶不理解是正常的，因此在合作同時，有時也會幫合作的窗口進行教育訓練，傳授基本授權法律常識，久而久之當客戶越懂智慧財產權也越尊

重創作者時，經紀人的溝通工作也會越來越輕鬆。(笑)

　　如果說外患是被授權方對於授權領域的陌生，那內憂是什麼呢？還記得插畫家沒準時交稿讓阿曼達哀號的事嗎？是的！創作者是我們很重要的夥伴卻也是文創經紀人日常工作中的的內憂。因為插畫家每個人的喜好、習慣和藝術家脾氣都不盡相同，如果經紀人不懂得順著毛摸，或是把 A 插畫家的交稿時間或喜好記錯成 B 插畫家，可能就會讓插畫家奇摩子不太好了，但最害怕莫過於要交稿的時間人卻消失啊！呵呵呵……(大家有看過貓苦笑嗎？)

　　文創經紀的壓力來源之多可謂蠟燭多頭燒，必須耐心、細心的時時面對並解決客戶問題，還要懂得體諒創作者的作息及創作心情，像我能當上噗總裁的得力助手，除了多方面的專業訓練外，還有長期大量的專案累積經驗值，培養自己的高情商後才能完全勝任呢！

 面對壓力，試著這樣做！

1. 體諒不同產業的客戶對授權專業中的許多不理解，教育客戶授權知識也成了文創經紀的社會責任，也是促進圖像授權更邁向成熟市場，向前踏出一小步。

2. 每個創作者都有自己創作癖好，經紀人須熟悉及了解每個創作者作息和習慣後再進行專案時間安排及調整，即可改善創作者無法好好發揮或拖稿的惡習。

「咖總監，我覺得您說的一點也沒錯，身為一名文創經紀人，就是必須具備承擔壓力的肩膀及解決問題的手腕，否則壓力逐漸增大，不僅對工作一點幫助也沒有，甚至可能會造成職業倦怠。」彼得點頭如搗蒜的認同著。

　　噗總裁和我一起不疾不徐的回到窗邊專屬位子享受陽光浴，一面梳理著稍早為了解決同事們的困擾都亂翹的一身毛髮，也為這亂糟糟的早晨做個完結。此時彼得遠遠望著我們互相理毛，陽光下，我們亂翹的貓毛閃亮亮的很刺眼吧。這時彼得突然滿眼尊敬的看著我們，想必是覺得我們兩個貓主管不僅能體恤同事的辛勞，還常適時給他們搭一把手、來個溫暖的擁抱。

　　看著他那熱淚盈眶的神情，我也忍不住對他說：「來吧，彼得！以後心若累了，就來本喵身上找尋你的原力吧！」（臥倒翻肚中）

" 耍廢，只是醞釀累積能量的表象…… "

 〈咖總監金句 🐾

CHAPTER
10

人說人話、貓說貓語

——文創經紀人的溝通術

站在對方立場思考

一個陽光灑落的愜意午後，正悠哉又優雅吃著頂級貓零食的我，被彼得大聲嚷嚷的聲音打斷。我歪著頭心想，我們公司雖然自由開放，又是輕鬆愉悅的職場環境，但是你也太當自己家了吧？

咬下最後一口零嘴的我緩步上前查看，到底彼得為何說到臉紅脖子粗？嘖嘖！瞧瞧那凌亂的桌面像被機關槍掃射過，各處散落著不同專案的文件，而剛剛鬼吼鬼叫的他正單手扶著電話與客戶交談，另一手忙著用電腦和插畫家打字通訊。

我懂了，從這那副苦瓜臉就知道他現在正被雙方夾擊，裡外不是人啊！（冷笑）

說起來，文創經紀人是身為客戶與插畫家之間的重要橋梁，彼得所碰上的溝通問題，可說是再基本不過的經紀人日常罷了。但對於尚未掌握溝通技巧的人，小則像彼得一樣弄得自己灰頭土臉、力不從心，大則會影響到公司品牌及其專業度。看來還是得要我親自傳授一些溝通技巧，亮亮我的利器了（伸貓爪）。「彼得，把我的磨爪板拿來！」

彼得抱著貓抓板沮喪的進入會議室，此時我早把公司創始元老凱特叫來坐鎮。彼得一臉沮喪，不明白自己明明很努力，還將客戶及插畫家想法都確實傳達了，為什麼還是溝通不良？他一煩躁就會忍不住抓頭上綁束起來那一撮頭毛，此刻，那撮頭毛似乎更顯得爆炸。

很愛講故事的凱特，並不針對彼得的問題回答，貌似又要開口說故事了。通常這時候就沒我的事，只要一旁輕鬆蹺腳捻鬍鬚就好。

輪到本貓出場傳授傳授技巧了!

上抓板　是!!

　　凱特緩緩說道:「多年前剛當經紀人時,某天晚上七點是承諾要交稿給客戶的時間,而坐在前面的插畫家也正在繪製圖稿,一切都看似都沒問題時,突然間插畫家的愛犬米米發出奇怪的尖叫、口吐白沫,當下所有人都嚇壞了。插畫家本人緊張得抱著愛犬衝去巷口的獸醫院,而我還在擔心米米的突發癲癇狀況時,突然收到客戶的討圖訊息……糟糕!剛剛太擔心米米的狀況忽略了已過七點給圖的死線!我心揪了一下,趕緊走向插畫家的繪圖板一看,才差幾筆就完稿了啊!這下該怎麼解釋?於是我決定誠實的將突發狀況一五一十告知客戶,結果很意外的,客戶竟冷冷回應:『你們拖稿理由也編好一點。』我極力解釋,但無法讓遠端的客戶相信我,反而害插畫家背上一個愛拖稿的罪名。當下極度懊悔的我不知道如何是好……」

🐾 關於溝通，你可以這樣想
·····································

1. 換位思考的溝通藝術

在扮演多向溝通的角色時，一旦加入太多個人主觀或判讀錯誤，可能導致一連串災難發生。因此除了具備客觀及理智的解讀力外，越懂得「換位思考」，就越能以不同立場去考量決策，減少溝通上的誤差值。

2. 真未必美，雕琢不是虛偽

在溝通過程中，最真實的不一定是最合適的傳達內容。多方資訊中，大多會夾雜一些個人情緒言論或不相干的誤導資訊，若不做篩選就一股腦兒拋到對方手上，不僅會造成雙方的拉鋸，還可能讓合作破局。

3. 以共好的期待作為溝通的出發點

商業合作總給人對立或爾虞我詐的既定印象，但是商業合作中最棒的狀況是雙方都能共好。因此在一開始交涉時就以「為對方著想」的心情營造出舒服、正向的溝通氛圍，或許會發現事情的發展可能比防衛型合作關係更為順利。

說到這裡，凱特不把後續結果說完，只是看看彼得並笑著問：「如果這時換成是你，還覺得如實告知是好方法嗎？或是應站在對方立場思考，提供一個讓客戶能接受的理由，同時想好補救措施，讓客戶雖不滿意但至少有個備案讓他可以跟上司報告呢？」彼得歪著頭似懂非懂的思考著，但我知道他已明白箇中差異了。

擁有專業，擁有主導權

彼得前腳才踏出辦公室，阿曼達後腳就跟著進來。看來今天我的點台率很高！

看著笑瞇瞇的阿曼達，我直截了當的問她有什麼事？又闖了什麼禍要我幫忙收尾？笑得更加神祕的阿曼達說：「才不是呢！我這邊的客戶來了新的合作需求，這是我評估後的內容及費用，想請總裁確認。」矮油，看來信心滿滿嘛！但我這關可沒這麼好過，你這是鼠入貓口而不自知呢！

整份文件看起來沒有任何錯誤，阿曼達細心的將所有客戶的需求及費用整理得一目瞭然。看完文件後，我雖然也很想回應她那想被誇獎的期待眼神，可是我要求完美的老毛病才不肯妥協，畢竟達到客戶的合作需求只是基本，而在基本之外，能否創造出更多價值，才是真本事！

我擺出各種表現無聊的高冷姿態，阿曼達有點敗興而歸。她失望的神情讓我覺得很有趣，但其實是想讓她明白，不能太過自滿或輕忽，

🐾 做足準備，掌握發話權

1. 追求進步會讓你更具專業自信

與其做客戶的選項之一，不如做他唯一的選項。在相同的提案中，你可以按部就班依照客戶的規劃提供報價，也可以花更多時間、做更多功課去評估。透過對插畫家的了解與特色分析，提供客戶更加值的合作方案。在溝通之前做足準備、沙盤推演，確立自己要達成的目標為何，才能為自己的溝通及談判贏得漂亮一戰。

2. 主動出擊拿回話語權

做足準備不僅彰顯出經紀人的專業度及價值，更是為之後的溝通鋪路。當你能為客戶企劃出更好的方案、帶來更高的效益，經紀人就不再只是個配合合作的發包廠商，而是一個可以信賴討論的夥伴。不斷培養及累積專業，都是為了讓自己在重要關鍵會議上擁有話語權。

無論何時都要保持警覺，主動出擊——！

罐罐喲～

每一次的合作機會都得來不易，這也是客戶對公司品牌、經紀人是否專業的評估依據。必須做到 120 分的努力、專業被肯定後，才能擁有專案主導權，讓事情朝著期待的方向前進。

多看書可讓專業如虎添翼

聊到商業上的溝通技巧，就讓我來跟大家介紹公司中最擅長與客戶打交道的第一把交椅——公關總監咖咖。

還記得他剛進公司的時候，渾身黑嚕嚕又不起眼，哪知道一開口，威力有如原子彈般讓眾人驚訝又甘拜下風。

咖總監總能用他一雙有神的亮晶晶大眼睛，讓人覺得他永遠都精神抖擻、很有元氣，再加上那三寸不爛之舌讓應對者聽得喜孜孜又心悅誠服。我很好奇這鄉下來的貓到底哪裡學來這般能力？直到有天夜裡，我發現了他的小祕密！

別看咖總監平常愛聊天打屁又愛串門子的調皮樣，某天夜裡，我意外發現他竟然挑燈夜戰在看書，我悄悄的從天花板偷看他在讀什麼。原來是很多本有關人性心理學、談判學，還有孫子兵法教戰書。

咖總監學到的溝通心理學

. . . .

1. 選擇越多，其實越困擾

美國社會心理學家希娜・艾恩嘉（Sheena Iyengar）在 1995 年研究發現，當提供的選擇越多，越會造成選擇者的困難及障礙。我們都以為提供給客戶越多插畫家的人選，合作機率就會越高，但其實不然。經過專業評估，僅提供最合適的幾位人選，會讓整個決策更加有效率且順利。

選擇越多，其實越困擾，喵嗚——

2. 趨向中間值的極端性迴避

心理學上有所謂的「極端性迴避」理論。研究指出，人們在三種選擇的情況下，通常會避開風險選擇中間值的選項。我們經常需要提出各種提案，如果精準的將數量控制在「三」個選擇以內，我們便可以大概預測出最後哪個方案會出線。

3. 0/100 的選擇

經濟學的「沉沒成本」為我們證實，人們在面臨抉擇時會顧忌著已付出且無法回收的成本而不願放棄。在專案的執行中，難免會碰到不合理的需求，我們可以多掌握人們都不願失去的心理，做為彼此相互理解的一種溝通關鍵。

　　沒想到這傢伙私底下這麼努力，總是透過閱讀各類書籍來增強自己思考和溝通的技巧。對了！聽說咖總監最近下班後還去參加讀書會，進階訓練自己的說話能力。這樣認真努力的咖總監，真是黑（帥）到發亮！

"搞懂人性,事情就成一半了!"

🐾 噗總裁金句

噗總裁說

團隊力量大

——互相補位，成就最大值

強者也有弱點

在本公司，我就是那個唯一用完廁所可以不清理、不蓋砂就拍拍屁股離開的貓。每次咖總監進到廁所，總看不順眼的隨意踢幾下蓋住我的傑作，或是同事從遠方辦公室聞到異味，就沿路大聲哀號進來善後。總之，蓋貓砂從來都不關我的事，畢竟身為日理萬機的總裁，這點屎尿小事不該讓我勞心啊。

本貓就算不擅長的事，還是努力嘗試

努力～

看我的!!

?!

嘆總裁貓砂
又沒蓋好了嗎？

大家都以為拉屎不清理是身為總裁的特權，但其實一直以來不能說的祕密是，我並不是沒時間或特別傲嬌，而是真的學不來啊！

我打從娘胎出來後即使反覆練習，每次都只能在貓砂盆外扒扒幾粒砂做做樣子，就是無法完美覆蓋屎尿，這件事若曝光，會讓我在貓界中顏面蕩然無存，但是這弱點確實讓我這個貓總裁很挫敗，畢竟，再厲害的強者也是有缺陷的吧。

難道說，公司裡的同事都沒有發現我的祕密嗎？其實大家心知肚明，只是體諒我沒說出來罷了。

一直以來，我們都是一個互助的團隊，所謂「最大的體貼就是在不讓人尷尬下悄悄幫忙」，因此對大家不著痕跡的幫我收尾，我也都了然於心，就不戳破大家的體貼心意啦。

互助不只是口號，而是一種禮尚往來。某次的會議中，主要負責的同事阿曼達碰上道行高深的資深業務，一時被不合理的要求及超強氣場壓得無力反擊。正當此時，我在會議上懶洋洋打個哈欠，以三言兩語打太極法轉移話題，化解掉阿曼達的危機。

會議後，阿曼達以崇拜的眼神望向我，用手刀秒衝廁所搶著清我的貓砂表達她的感激之情。當時我想阻止她卻來不及了，因為本貓根本還沒上廁所啊！而在一旁喝水的咖總監卻暗暗竊笑……

發自同理心的互助

一般企業都會依照組織架構、業務需求進行專業分工，讓每個同仁發揮專長、各司其職，但是在編製規模不大的小文創經紀公司，組織架構多半是扁平化，即便有明確分工，還是會有跨單位協助的時候，尤其執行複合型的大型專案時，一人當三人用是經常的事，但優點是每個人都練就出通盤思考和多平台整合的能力。同仁間的專業互助，在小公司中往往更能顯出驚人的成效。

有時看著我們這個忙到暈頭轉向的團隊，其實很像在跳一支舞，

當這個舞者位子空了，就會有人自動遞補上來，因應不同專案節奏，舞姿隊形也隨之變化。你不擅長的我來協助，今天我帶頭先跳，明日換你引導，大夥手把手一起轉個圈後再下個腰，啊～看大家忙到焦頭爛額，我卻忍不住想起身鼓掌大喊：「Bravo！這支舞真是好看！」

團隊中很難規定誰要去協助同事，但經紀團隊的日常就是協助插畫家完成專案，其實大家都有協助他人成功達標的好意，因此團隊能自發性的協作完成一個又一個專案。這樣日復一日、看似毫無章法的經紀人日常，其實都被一條無形透明的線牽引著，規律的走在軌道上慢慢向前推進。

🐾 團隊與個人的完美協調

1. 接受完美及不完美的自己
即使是勇於學習挑戰的通才，都有無法駕馭的領域。先體認到自我極限在哪裡，理解自己，並學著接受自己的不完美，才能在團隊中找到定位及自信。俗話說：「樣樣通，樣樣鬆。」也許你不需要凡事精通，卻需要好好認識自己，發現自我才能和價值。

2. 團隊 = 我 + 我們
在一個團隊中，每個人都有擅長的優點，團隊力量之所以被人讚揚，不是因為個人能力很好，而是再厲害的人都有弱點，但團隊優勢仍然存在，成員間彼此默契十足、相得益彰。要達到這樣的結果，平常就必須主動協助他人，當你需要援手時，才會有人主動伸出手。

如果我們是支籃球隊……

說到團隊互助，讓我想起記者好朋友老唐來公司採訪時，訪後聊到 NBA 球隊的話題，而每週三晚上固定和插畫角色米粒大叔團隊一起去打籃球的彼得，聽到「籃球」這關鍵詞也突然抬頭，好奇的豎起耳朵想聽聽我們在聊什麼。

老唐說：「老噗，你知道 NBA 球隊中的教練往往自己籃球都打得不太好嗎？（笑）但是擁有智慧、戰略的球隊教練，卻能決定一個球隊的未來，也能折服一群滿身傲氣的明星球員，看出板凳球員的潛力，把場上針鋒相對、王不見王的球員湊成絕佳搭檔，共同打出球隊的漂亮戰績！」

我身為肥貓當然不愛運動，但身為管理者，聽到球隊戰略就很有興趣了，因此興致勃勃請老唐繼續說下去。

「說到NBA教練，就不得不提菲爾‧傑克森（Phil Jackson）。他在之前擔任教練期間，總共幫助公牛隊及湖人隊拿下11個總冠軍，至今無人破他的紀錄！」老唐每次提到喜愛的籃球，隨口就可以說個籃球小故事，但其實我腦袋裡另外想到的是，如果把我們這間公司比喻成一支籃球隊，大概如下：

◉ 教練團──噗總裁、咖總監

　　給予球隊整體目標和戰略方針。

噗咖教練

◉ 大前鋒──阿曼達

　　大前鋒具積極進攻性，依據控球後衛指揮，與中鋒相互搭檔，率先衝入敵營拔得頭籌或阻擋防禦敵隊進攻。

　　阿曼達常是客戶第一次接觸到的專業文創經紀人，其任務是第一線與客戶接洽時，需在最短時間內精準抓到客戶的「資訊」及「需求」。她必須依據專案類型與擔任中鋒的彼得搭檔合作，依據控球後衛凱特的指示，安排調度適合的角色 IP 推薦給客戶。她擅長在眾多競爭角色或比稿中，以專業之姿展現插畫角色優勢，並獲得客戶信任，提高拿案率。

◉ 控球後衛──凱特

　　控球後衛又被稱為場上教練，與教練有高度默契，決定場上戰略、進攻套路及掌握比賽的進攻節奏，評斷當下戰況給予球員指示，將球傳到最好得分的球員手上。

　　凱特擁有資深經歷，熟悉旗下每位插畫家角色風格及優劣，現由

第一線面對客戶的大前鋒，逐漸轉到控球後衛位置，為實現總裁對公司的成長期望及目標，監督及賦予成員不同任務，並進行安排調度，確保每個經紀人及插畫家角色都能在最合適的舞台上發揮所長。

◉ 中鋒──彼得

中鋒是球隊中最強壯的角色，可與大前鋒搭配，也具有高度防禦防守技巧，總是堅守籃下阻擋敵人進攻上籃。

彼得是深具整個團隊信賴的中流砥柱，具有強烈使命感堅守住公司與插畫家圖像版權等基本權益，但也可以隨時與阿曼達搭配，切換為主攻或助攻位置，有別於阿曼達擅長縝密的通盤規劃。彼得擁有快攻的爆發力，對於突發狀況或急件專案會發揮出驚人即戰力。

⊙ 小前鋒——蕊內

球隊中的小前鋒，是可以靈活變換位置的後援角色。能看穿敵人的戰術漏洞，巧妙的見縫插針、各個擊破，獨自作戰得分。

蕊內平時多位居第二線支援位置，但因具有豐富工作資歷，加上較具細心觀察力，能給予第一線同仁經驗建議。雖在專案上為協助指導角色，但本身也具獨立執行海內外商品授權、展覽合作的高業務力。

⊙ 得分後衛——四月

球隊的得分後衛多半處於外圍防守位置，但是有靈活的敏捷度，可以在最關鍵時刻出手讓球隊成功得分！

四月是公司中技能最接近插畫家的視覺設計師，也是團隊中具插畫設計力的經紀人，平時不需對應到客戶，但在開發商品、製作周邊商品及大型專案中，總是最後一個把關、協助設計完成的關鍵角色！

🐾 眼中只有籃框的明星球員無法拿高分

> 球隊中萬眾矚目的焦點明星球員往往只有一個，而每個人也都期望自己能成為一枝獨秀的明星，但在球場上如果沒有其他球員協助，再厲害的球員也無法獨自拿到高分，又或者很快就體力透支、受傷下場。
>
> 文創經紀公司和插畫家團隊也是一樣，無法靠一人出色技能單打獨鬥。在每個檯面上風光展示授權合作的插畫角色，觀眾往往看不到是由躲在背後以「成就他人即成就自己」為奉獻理念、不強出頭的經紀人團隊在支持著。

共同作戰也要一起出書

「阿曼達，你這個預算可能沒辦法，目前我手上所有廠商都做不來。你詢問客戶要不要換個材質？或直接提案換別的品項開發？」蕊內緊皺眉頭，一臉煩惱的樣子。

「可是客戶響應環保，很想開發飲料提袋耶，不然我再協調看看……」阿曼達剛回答完，突然又想起什麼，轉頭對隔壁的四月說：「四月，插畫家給的圖層都有記得分開嗎？別忘了客戶之後要做廣告素材，請你幫忙確認喔！」四月依舊淡定，氣定神閒的點個頭，繼續埋首在她的繪圖板中。

從外面開完會剛進門的彼得大喊：「完蛋了！事情都卡在一起，阿曼達你那邊檔期可以喬一下嗎？毛毛蟲和熊秋葵的插畫專案工期可以互換嗎？我想跟你借毛毛蟲的檔期先擋一下剛談好的合作急件！」

這時咖總監和凱特一起笑著從會議室走出來，有說有笑的歡送今天來開會的出版社總編輯、主編及行銷主管三人。

待客人離開後，完全沒有想閱讀空氣，無視辦公室內的低氣壓和每個人桌面有如機關槍掃過的混亂慘狀，凱特一臉興奮的對著所有人宣布：「親愛的夥伴們，每個人一輩子有幾次出書的機會？現在，我們要出書了！」

此刻躺在冰箱上的我，遠遠的好像聽到同事們震耳的哀嚎聲……不不，應該聽錯，這絕對是歡呼聲吧！其實我早就知道出版社的氣質美女編輯群不敵我總裁魅力，相信同事在作專案之餘，會很樂意為我這迷人總裁寫書的，我才不管你們截稿在即，沒把我寫好就等著寫檢討報告吧！

團隊中，沒有一個人是局外人。

噗總裁金句

咖總監說

CHAPTER
12 | # 文創經紀人的堅持
──成為一位稱職的文創經紀人

「噗總裁，請您用一句話形容何謂文創經紀人？」噗總裁辦公室裡有位甜美可愛的記者正在採訪總裁，她很好奇噗總裁會做出什麼樣的詮釋。

這時噗總裁用慢條斯理的語氣緩緩回覆：「就是角色品牌的養父母。」啥？怎麼是一點都不帥氣的答覆啦！

但說來沒錯，如果插畫家是角色的原生父母，那麼毛毛蟲文創以全經紀培養品牌的模式來看，插畫角色的確就像我們和插畫家一起聯手養大的孩子。文創經紀人對於每張不同臉孔的孩子都肩負著重要培育、照顧和發展的責任呢！

你以為我說的照顧，是像同事每天服侍我和噗總裁這樣準備罐罐、把屎把尿嗎？那你就錯了！文創經紀人不是跟在插畫家屁股後面跑腿打雜的角色，反而是跑在插畫家前面，用盡全力鑿出一條角色品牌往前發展的康莊大道。呃，有點困難的話也可以先開闢羊腸小徑啦……

總之，我們要做的是角色市場區隔、商業聯名授權，還有最重要的，保護好角色版權！文創經紀人可以說是一艘船上的掌舵者，一旦誤判駛錯方位，很有可能帶著整船角色走向迷途的汪洋啊。

專業能力的堅持

正因為文創經紀人責任重大，噗總裁和我在培訓新人時，必定經過幾道基本素養的關卡，而最大的準則和要求即是：插畫家創作以外的事，文創經紀人都必須要能獨立處理！

「創作以內的事有時也要幫忙出點子哦！」亂入的阿曼達又來多嘴了！

我甩甩尾巴，示意阿曼達退下，沉澱心思開始爬梳這些年來，究竟我們對公司文創經紀人要求的能力有哪些呢？

◉ 智慧財產權相關的法律知識

尚未能開疆闢土談成新合作案之前，最基本的就是要先懂得如何保護好插畫家的圖像及品牌。著作權法、商標法這兩者的基本法律知識可以說是必備啊。了解創作者受法律保障的基本權益有哪些，才能作為日後判斷是非的一把尺。

◉ 了解授權的類別及授權金

文創經紀人必須清楚分辨專屬授權、非專屬授權及獨家授權之間的差異，更需要依照不同授權目的、品項判斷合適的授權金計價方式。有些合作適合以 MG（保底授權金）進行，有些則適合採銷售分潤制，有些可能兩者合併。無論如何，這都是文創經紀人最基本的商業交涉語言！

◉ 角色基本圖像規範與優劣勢

身為代表插畫家和企業品牌洽談的文創經紀人，理解自家角色圖像的風格特色是再基本不過的事，但除此之外，在授權上還有更多圖像使用的準則和細節需要遵守。別以為角色只是平面沒有靈魂的圖像，

就像我們人臉拍照有分左、右臉的角度，我們的角色圖像也有偶像包袱，很忌諱被任意翻轉、鏡射的呢！

◉ 客戶關係管理與維繫

　　高 EQ、高抗壓性及危機處理的反應力，對一個文創經紀人維繫客戶關係來說非常重要。一個專案從催生、執行到細節確認，都需要透過高情商及高專業讓專案順利完成，而一次次的成功案例累積，也是長期友好合作關係的重要基石呀！

◉ 企劃力與想像力

　　文創經紀人雖然不拿筆畫畫，但是對於角色能和不同品牌或產品玩出哪些花樣可是瞭若指掌。很多時候和客戶第一次接觸討論時，都是靠著文創經紀人的鬼畫符來溝通、揣摩畫面呢！

認同且支持每個角色的堅持

　　例行的內部會議上，我正把玩著同事孝敬我的新老鼠玩具，心中讚嘆現在技術越做越好，不仔細看還以為是真的哩！噗總裁這時突然像要宣布什麼重大消息似的清清喉嚨，嚇得我趕緊打開筆記本，祭出我的招牌瞪大眼絕招假裝融入會議。

　　「這邊有個消息要告訴大家，公司即將和刺刺簽約，刺刺會成為我們毛毛蟲文創第十五個角色品牌，後續角色定位及資料庫的準備再

麻煩各位費心。」噗總裁揮著他圓圓胖胖的手下達指令。

我看到同事們臉上又驚又喜，一向藏不住心情的阿曼達按捺不住好奇，舉手發問：「噗總裁，是那個一生下來就被唾棄，夢想成為一顆痘痘卻永遠失敗的粉刺——刺刺嗎？」刺刺這個角色實在太獵奇、太有記憶點和故事性，先前我也默默觀察一陣子了，還想推薦給噗總裁，沒想到英雄所見略同，竟然已經要簽約了！

我以為近年來公司不斷有新角色加入，經紀人們早就司空見慣，但這幾天我卻默默發現一個有趣的現象：當新品牌加入，就像在經紀人的字典中新增了一組新關鍵字，自此之後，只要和這組關鍵字稍稍有關聯的人、事、物，都會被他們自動串聯上，角色篩選機制也會自動將最相關角色推到最上方。

刺刺加入後不久，有天蕊內開心的抱著一盒面膜進來公司，我正想質問她居然想在上班時摸魚敷臉，就聽到她急著和大家分享：「你們看！我昨天逛藥妝店看到這個！原來這牌面膜也有在做角色聯名款，我們的刺刺這角色很適合呢！」我那已經伸在半空中的貓掌緊急收回，慚愧又尷尬的自己搔搔頭，心裡對於同事自動自發支持公司每個簽進來的新角色感到欣慰不已。

回到辦公室的我不禁思考著，新角色品牌的加入對文創公司來說是再正常不過的事，但即便萬能的喵星人也無法逼迫任何人去喜愛每個角色，但很奇妙的是，毛毛蟲文創的經紀人之間有種不必言說的默契，大家都自然就有愛屋（公司）及烏（插畫品牌）的「認同感」，而這認同感究竟是怎麼產生的呢？我想，或許這就是身為一個經紀人

自我要求、敬業的表現吧！難不成是因為大家都偷偷的迷戀我或噗總裁嗎？

創作者風格的堅持

埋首在雜亂的文件堆中，我正煩惱下週會議針對刺刺的角色定位該提出什麼建議，這時抬起頭看到書架上那隻 8 元哥親手捏土送給我的小公仔。多年前，我和他在這個辦公室裡搔首踟躕的景象彷彿歷歷在目，那是在 Facebook 這個平台剛崛起、網路圖文作家遍地開花的時候……

「咖仔，我覺得我創作遇到瓶頸了，不知道接下來的路應該怎麼走？」8 元哥抓著他那蓬鬆的頭髮煩惱著說。我以為又是創作者那沒必要的自我擔心，於是嘻皮笑臉回說：「就直直往下走啊！有什麼難的？」

8 元哥白了我一眼，接著嘆口氣無力的說：「我覺得我現在的創作沒有什麼特色，大家畫時事，我也跟著畫，找不到角色的個性和故事啊！」

一開始因為高超的 DIY 神手作能力，讓老婆公主桃不必集點排隊就能獲得可愛贈品而一夕爆紅的 8 元哥，漸漸找不到自己創作插畫的動機和原因。他這麼一說就非同小可了，看來不是單純偷懶不想創作，是為了想讓自己的角色更上一層樓衍伸出的煩惱呀！

我馬上從懶洋洋的翻肚姿勢坐了起來，並陷入一陣思考：「要創

作出具有個人特色的作品，勢必要和個人親身經驗有所連結啊……」

不顧我正進入冥想狀態，8元哥兀自接著說：「最近公主桃快生了，家裡之後就多了一對雙胞胎，我肯定是沒時間創作的！」這句話倒是幫了我很大的忙，你看到的危機，卻是我看到的轉機呢！

我敲敲頭、睜開眼睛興奮的對8元哥建議，何不試試看親子議題？這對雙寶成長的趣事、照顧上的辛苦和體悟，可以用圖像記錄下來，肯定會獲得很多新手爸媽的共鳴。

沒多久，8元哥的雙寶呱呱墜地來到世上，專職奶爸每天像打仗般應付兩個活潑好動的小男嬰，而如同我所預測的，8元哥因為每日無微不至的照顧與相處，讓他獲得許多育兒上的創作靈感，他的親子創作風格就這麼一路堅持的走過好多年。直到現在孩子都上了幼兒園，每天仍有許多爆笑有趣或溫馨感人的故事在他的創作中出現，甚至有些客戶品牌的高階主管就因為有相同育兒經驗而成了他的鐵粉呢！

協助角色推廣及商業聯名的文創公司，能夠這樣一開口便簡明扼要說出角色的風格與特色，其實要歸功於創作者長時間的堅持與累積。

這是一條漫長的路，有時候創作者會因為反應不如預期而有所動搖、退縮，甚至萌生轉換其他創作風格的想法，但是在圖像授權的文創公司立場，角色設定不該輕易改變或調整，因為這關乎這個品牌角色長久以來的靈魂和精神吶！

再聊到元老級角色毛毛蟲，他一直以來擅長以單篇圖文及心靈小語的方式道出生命中的酸甜苦辣，也隨著創作者的社會及工作歷練，圖文更具深度且獲得粉絲的高度共鳴！不理解的人可能會覺得繪製一

張圖文有什麼難，但真的懂的人就會明白堅持以一張圖文表達出故事或情緒，需要有多高的插畫構圖及文字統馭力！

即使面對不同商業合作需求，或是較為複雜難懂的政令宣導，毛毛蟲仍堅持用他擅長的單篇圖文或主視覺搭配心靈小語的方式來傳達。這是身為一名創作者對自己作品表現一致的堅持，因此經紀人必須尊重且瞭解每個作者的堅持和作畫習慣，在洽談商業合作時，就得提前說明並爭取保留作者的設計形式。

為角色做完美決策的堅持

看著窗外夜幕低垂，原來我已經從角色定位思考到創作者的堅持了。時間這樣默默流走，看來我今天特別有感觸呢！

說到堅持，我們負責圖像授權的文創公司也不遑多讓，甚至很多時候會被誤以為是「難搞」。但魔鬼藏在細節裡，我們所有的堅持都是為了盡善盡美的結果，而原則更是為了要做出專業並且為合作品牌加分呀！說到這裡又有故事可以分享了……

手裡拿著客戶以我們角色授權圖庫自行設計出來的紅包袋，蕊內耐心的在稿子上寫了幾個調整重點，我湊過去偷看一眼，又是圈圈、又是箭頭標示、又是文字的，其中有幾點好像是這麼寫：

1. 兩側旁留的空隙請均等，確保角色在構圖是置中的位置。

2. 請記得放上角色 Logo 及 Copyright。

3. 請不要在既有角色上以不同筆觸新增物件，如有需要可討論由

插畫家協助。

4. 下方為紅包袋封口處,建議角色圖像須避開較為保險。

　　一件贈品從開發或視覺的定稿,要到能夠公開亮相,中間這樣來回修改的過程往往瑣碎繁複,但是如果能做好,就更加凸顯出角色的正版授權價值及高品質。所以排版設計的細節重要嗎?是否放上 Copyright 重要嗎?角色外型和顏色是否跑掉重要嗎?答案揭曉,以上都很重要!

　　一個圖像角色很可能因為一點細節的失誤就走鐘,甚至會讓人誤以為是盜版的仿冒品,因此做為負責圖像授權的文創經紀公司,這些堅持,都是經紀人即使被討厭也不能輕易退讓的原則!

　　當我正為公司堅持的原則感到驕傲時,還沒下班的噗總裁不知何時悄然無聲溜進我的辦公室,還在我的沙發上以奇怪姿勢試圖抓住自己的尾巴。

　　我喵了一聲,問他這麼晚有什麼事,回過神來的噗總裁懶洋洋的對我說:「哦?也沒什麼大事啦!只是我聽說彼得那邊有個特別的合作案,想知道你怎麼指示他?」原來噗總裁在說飯店的公益合作案,我跳上沙發自信的向他報告。

　　「報告噗總裁,由於台東當地醫療資源缺乏,這次知名連鎖飯店品牌攜手贊助商規劃了這次的公益彩繪合作案,並把這期間的部分住房收入捐贈給相關單位。身為被邀請的插畫團隊,我真的覺得非常榮幸啊!」噗總裁不發一語的盯著我,似乎是想聽到更多。

我接著說：「這樣的合作案對插畫家的形象是加分的，能夠貢獻己力幫助他人是很有意義的事，況且品牌客戶的公關也非常有誠意的和我們討論後續的其他合作可能呢！」我看到噗總裁滿意的點點頭，看來我為角色品牌所做出的判斷和決定是對的，也再次驗證了我們堅持只做對角色最好的決策。

不斷向前進的堅持

這一天，我莫名感覺到身體有點不太舒服，和噗總裁躺在總裁椅上休息。我瞇著眼看可愛同事們在辦公室裡忙碌的轉呀轉。

四月正在她的繪圖板上統整插畫家的設計圖，彼得正摸著鬍鬚思考微疼這次動畫的效果如何，阿曼達把眼睛貼到電腦螢幕上仔細計算著展覽空間的尺寸，蕊內拿著廠商剛製作好的玩偶打樣細細的打量確認，而凱特似乎又接了一個新客戶，正忙著用電話專業的分析和推薦合適聯名的插畫角色。每天，這裡的每個人都忙得像顆轉不停的陀螺，這就是我再熟悉不過、毛毛蟲文創的日常風光。

我攔住剛路過的阿曼達，想跟她說我有點不舒服，但倔強的我卻改口以主管口吻問她：「你每天接手不同類型專案，有些從沒碰過，難道不會擔心或排斥嗎？」阿曼達露出一臉輕鬆神情說：「角色圖像可應用的範圍本來就很多，如果一直一樣才會無聊吧，沒碰過的事，就學囉！」說完她頭也不回直直衝向門口，迎接剛到貨的聯名新商品。果然勇於挑戰的阿曼達，從來不畏懼任何挑戰。

我虛弱的去喝口水，走回辦公室時聽到彼得問：「你們有誰知道畫大型牆面壁畫需要用到什麼器具材料嗎？我要請客戶先幫我們準備什麼？」

　　蕊內還在煩惱的自言自語：「原來 FRP 角色公仔的上色過程這麼麻煩！那我們角色有這麼多顏色該怎麼辦呀？」

　　每個人依舊專注投入在自己的工作，真好！此刻凱特突然站起來興奮大喊：「各位夥伴，我們拿下最新捷運線插畫角色合作案了！」全場歡聲雷動，彼此和身邊的同事互道辛苦。

　　這是一個籌備企劃好幾個月的大工程，噗總裁似乎很開心的跟著「喵嗚喵嗚」歡呼起來。我也很想跟著跳躍，再蹭蹭每個人的腳表達開心，但是突然一陣虛弱反胃，眼前一黑就這樣癱軟了下去。

　　沒有人知道所有這群文創人的堅持是不是有意義，但沒有堅持就無法走到最後看到最美的風景了吧。我相信毛毛蟲文創會一直這麼沒有終點、不設限的繼續挑戰下去，繼續做著把台灣角色帶往各個角落的大夢想。

　　2019 年是毛毛蟲文創邁入全新的里程碑重要的年度！

　　2020 年初，噗總裁和我這個咖總監的新書就會出版了！

　　好可惜，我好像無法陪著大家一起堅持走到最後，看不到大家一起創作有我的可愛之書了。

　　請大家原諒咖總監我得先離席，但我的精神永遠與我最愛的毛毛蟲文創夥伴們同在！

咖總監的日常堅持

我叫咖咖，是一隻很愛碎唸的貓。

我最喜歡每天跟大家說說話，
也最了解毛毛蟲文創的每位員工了。

凱特總是很忙，工作很好，雖然努力好好吃飯，但我也希望他

凱特總是會忘記吃飯。

1

是你啦！肚子餓了吼？

吃飽才有力氣！

2

員工有困難的時候，身為總監的我也要安慰安慰他們

彼得很喜歡自己獨處

3

但我更喜歡跟他一起，關心員工也是我的責任呀！

4

一日之計在於晨，難怪阿曼達總是充滿幹勁！

阿曼達每天都帶著好吃的進公司

5

一起吃嘛！ No─ ─走開啦─

但都從不分給我吃

6

蕊內總是很關心我的健康

咖總監，那不能吃！

（但卻好像讓我越來越胖）

時常給我零食吃，我想我也只能以身相許給他摸摸了

來~吃這個

7

8

四月常常低著頭在努力畫畫

為了讓他休息，我會陪他玩一下下

但他不知道為什麼，他好像不太開心，

這不是逗貓棒

喂!!

9

10

不過沒關係，我還是會陪著大家一起，所以繼續向前吧！

我的堅持不需要被理解，**"**
相遇時只要對我點一點頭即可。
"

〈喵總監金句〉

插畫家齊力讚聲

記得好幾年前，第一次遇見 Kate 就覺得好像一見如故，與她聊了很多創作的過程與辛苦，然後事隔多年，因為某個因緣際會我們又再度碰面。閒聊中她提到想要成為毛毛蟲角色的插畫經紀人這件事，當下我竟然毫不猶豫就答應了 XD（其實不知道為什麼我就是覺得很信任她）。

而後也開始了我們一直希望把台灣插畫品牌化的起步。在兩年的試水溫後，我們就一起創立了「毛毛蟲文創」，這是真正的插畫經紀公司，因為我們想要為台灣的插畫家建立屬於自己的品牌。

在毛毛蟲文創營運幾年後的今天，這些年加入了一些很棒的夥伴，大家都努力想讓公司以及旗下的插畫家們變得更好。很開心我身為創辦人以及第一位文創經紀下的插畫家（毛毛蟲），可以慢慢看見台灣對於文創的重視，以及公司插畫家品牌的成長。我們依然會繼續維持當時的初衷，我們自詡不像一些經紀公司那樣過於商業，而是希望真正幫助到那些會畫畫且很有想法的台灣原創插畫家，讓他們可以專心創作（又能幫他們賺到錢），其他事都不用擔心，放心交給我們毛毛蟲文創就好！

最後，最重要的是要感謝公司的 CEO 噗噗及已經變天使的總監咖咖，因為有你們的陪伴，公司變得更有活力與朝氣。謝謝你們帶給我們快樂！尤其是變成小天使的咖咖總監，未來的日子，你還是要繼續回來陪伴我們一起面對挑戰喔！

我們會永遠想你的。

——**毛毛蟲**（毛毛蟲文創創辦人／蟲點子設計總監）

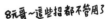

　　還記得剛開始經營粉絲團時，出發點是因為喜歡分享創作跟有趣的事情，當初並未接觸到商業行為以及其他邀約。在經營一段時間後，開始有業配洽詢以及廠商邀約，但對於創作者而言，雖然覺得有被看見很開心，但是對於產業其實沒那麼了解，所以也相當困擾。幸好之前的好同事，剛好成為了插畫經紀人，工作室又剛好在我家隔壁，也就這麼剛好加入他們。

　　人生就是這麼奇妙，就這樣解決了我的困擾，總之我覺得加入經紀公司，可以讓創作者專心在創作上，可以說是創作這條路上相當不錯的夥伴！創作者的難題只剩躲避經紀人催稿這件事了，而且還有一群一同拖稿的創作夥伴多好啊！

　　讀完這本書，就可以了解插畫家與經紀人之間的愛恨情仇了！

（誤）

—— 8元哥

與貓總裁的合作讓我深深體會到專業分工的重要。以前也經過單打獨鬥的接案時期，溝通與討論常常會耗損許多創作的精力，或者會在與業主溝通前先對創作自我審查起來，猜臆對方的想法，多少會限制了作品的最終呈現。

　　而我覺得經紀人的角色最有價值的地方就在於此。他讓創作與商業的中間保持了一段彈性，讓雙方都能夠柔軟的彼此配合，進而讓合作的效益最大化，而對好的經紀人來說，這還只是基本而已。只能說辛苦並感謝貓總裁與經紀人們了 <3

　　　　　　　　　　　　　　　　　　　　　　　　——小黃間

little yellow studio

這幾年除了結婚之外，經紀公司真是人生中最奇妙的相遇。

加入經紀公司後，我有了可以共商煩惱的夥伴，好事貓有了將他放在心頭的家人。總是陪在我筆下用紅鼻子尋找好事的他，這兩年慢慢的長大了一點，我也從以前苦讀契約、商談合作細節、思考未來規劃，轉變到現在只需專心創作。就像是嫁了一個好老公一樣，好事貓也結下了一段良緣。

在追求夢想的路上有人同行，一起漫步長夜、一起仰望星空，也一起期待日出的光芒，就是最好的事了。

—— **天天好事**

加入毛毛蟲文創的時間不算久，一年多。進入公司理所當然的好處就是不用自己跑合約、不用應對客戶、不用煩心於報價，可以專心於創作上。對一個全職創作者來說當然好，但還不是最大的好處。

我覺得最大的好處是「有人陪著你創作」。我自己的創作態度通常是一個「想做什麼就做什麼、碰碰運氣吧」的狀態。而在加入毛毛蟲後，因為多了經紀人可以討論，在創作上多了一雙不同角度的眼睛協助你檢視自己的作品，所以可以從跟經紀人的溝通中，發現自己原本沒注意到的事。有時候他們甚至還會像家人一樣關心你的生活，要你好好休息之類的。

如果硬要形容我跟毛毛蟲文創之間的關係的話……大概就像豬排飯的豬排跟飯吧！

—— 吃到飽（阿飽）

一個角色從「概念」到成為可以進入「商業市場」的成熟品牌，並穩定的成長甚至存活著，這背後所付出的人力成本是大多數人所無法想像的。一般最讓創作者所苦惱的，是花了太多的時間創作，而無法處理創作以外的瑣碎事項。經紀公司的價值就在於此。

品牌不單單只是有故事有圖案就夠了，面對市場，更需要的是有規劃、有策略，甚至有時牽涉到法律層面。而一個好的經紀公司，就是幫助創作者處理這些事情，真正的讓創作者只專注在「創作」這件事上面。

我是米粒大叔的 DanBrave，我始終相信「團隊合作」強過「單打獨鬥」，不要讓創作以外的事消磨你的耐性，時間是最貴的成本啊！

——米粒大叔

　你好，我是文創經紀人，喵～

和經紀公司的相遇 謝謝經紀人阿北阿木愛我 ><

有貓就給讚！

沒有啦，其實當初會和公司合作也是緣分，甚至沒有多做什麼功課，懵懵懂懂就來了。那陣子突然有些案子合作來接洽了，一個人不知道怎麼辦，想說要找個經紀公司有個照應，就有意尋找，結果剛好同時，媽媽凱特想要找新的插畫家合作，甚至就這樣選中了我。

也沒待過別的地方，所以我沒辦法跟別人比較這裡的好，但總之從經紀人口中聽到的關心比催稿多，那肯定就是一個好地方吧。

──老闆這魚

經常跑校園演講的我，最常被問到如何挑經紀公司，以及經紀公司能給予插畫創作者的協助是什麼、為何要簽約給經紀公司等等問題。BaNAna 阿蕉品牌創立到現在已經歷過三間經紀公司，獨立創作者靠自己力量要壯大品牌不容易，光是創作都來不及了，很多雜事有公司來幫忙解決，團結力量大，就不怕遇到恐龍業主，讓我們更有效率在每個合作案子上。

這本書非常適合對文創經紀產業好奇的你，來更深入了解有如保母般的經紀人平時在做什麼！原來經紀也是個大學問啊～～

—— BaNAna 阿蕉

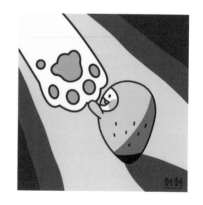

「刺刺」只不過是一隻，什麼都不懂的粉刺，不知怎麼長大，也不知道自己可以幹嘛。好險有經紀夥伴伸出溫暖的手，而且還是貓貓的手，讓刺刺可以躲在毛孔裡面，做自己的夢。

—— 刺刺

　　從事正職的網路漫畫家 5 年來，簽名會人數超過 3000 人次，超過 25 場校園演講，以及 10 場企業演講，甚至在 YOUTUBE 平台上有 37000000 的觀看次數。很多人常常問我：「一個沒學過畫圖的網路漫畫家，你是怎麼做到的？」

　　畫圖對我而言，其實就像是在大海上航行，我有的只有勇氣跟熱情。但光靠勇氣跟熱情，當然不夠。我需要面對險惡的天氣，需要食物的補給，甚至還需要有人幫我掌舵。看起來這片海洋不好駕馭，但為什麼我能夠存活下來？

　　因為我很幸運的找到了，一群肯陪我闖大海的船員。這本書，就是我的船員的航海日誌。

——微疼

如何成為一個有飯吃的插畫家...

首先
有一支畫筆

還有耐操的肝

然後找個可愛的經紀公司
聊一聊,就像交往一樣,感覺要對

因為經紀人,除了畫圖
她們什麼都很會。

- -

會買咖啡啤酒,會讓你守時(催催催),會扮
黑臉幫擋,會叫你起床,會找律師告人,會
幫你賣笑,會三不五時關注你,會像老媽一
樣念你,而且還會匯錢給你...
而且會讓人有安全感,還會有團隊感...

致
毛毛蟲文創
Pony.

你好，我是文創經紀人！喵～

台灣文創經紀工作的 12 堂必修課

作者 / 毛毛蟲文創
　　　文字：張凱童、劉繼珩、華映綺、張博閔
　　　繪圖：陳婷

主編 / 林孜懃
內頁設計排版 / momo
封面設計 / 陳婷
封面版面構成 / 陳奉憚
行銷企劃 / 鍾曼靈
出版一部總編輯暨總監 / 王明雪

發行人 / 王榮文
出版發行 / 遠流出版事業股份有限公司
地址 / 台北市南昌路 2 段 81 號 6 樓
電話 / (02) 2392-6899　傳真 / (02) 2392-6658　郵撥 / 0189456-1
著作權顧問 / 蕭雄淋律師
輸出印刷 / 中原造像股份有限公司
2020 年 3 月 1 日　初版一刷

國家圖書館出版品預行編目 (CIP) 資料

你好，我是文創經紀人！喵：台灣文創經紀
工作的 12 堂必修課 / 毛毛蟲文創著 . --
初版 . -- 臺北市：遠流，2020.03
　　面；　公分
　　ISBN 978-957-32-8720-9（平裝）

1. 文化產業 2. 企業管理
541.29　　　　　　　　　　108023326

yLib.com 遠流博識網

http://www.ylib.com　E-mail:ylib@ylib.com
遠流粉絲團 https://www.facebook.com/ylibfans